美诉——走近幼儿心中的美

黄蓉蓉　著

浙江大学出版社

图书在版编目（CIP）数据

美诉：走近幼儿心中的美 / 黄蓉蓉著. —杭州：
浙江大学出版社，2017.12（2018.10 重印）
ISBN 978-7-308-17695-8

Ⅰ. ①美… Ⅱ. ①黄… Ⅲ. ①艺术－教学研究－学前
教育 Ⅳ. ①G612

中国版本图书馆 CIP 数据核字（2017）第 306520 号

美诉——走近幼儿心中的美

黄蓉蓉　著

责任编辑	冯社宁
责任校对	傅百荣
封面设计	尤含悦
出版发行	浙江大学出版社
	（杭州市天目山路 148 号　邮政编码 310007）
	（网址：http://www.zjupress.com）
排　　版	杭州好友排版工作室
印　　刷	浙江印刷集团有限公司
开　　本	710mm×1000mm　1/16
印　　张	13.5
字　　数	180 千
版 印 次	2017 年 12 月第 1 版　2018 年 10 月第 2 次印刷
书　　号	ISBN 978-7-308-17695-8
定　　价	58.00 元

为"美诉"写序

美术，又称造型艺术、空间艺术或者视觉艺术，是人们利用一定的物质材料，借助一定的造型手段，通过独特的艺术语言创造出的静态的、占据一定空间的具有审美价值的视觉形象，以反映客观世界与表达作者思想感情的一种艺术形式。美术教育是指教育者将美术作为促进儿童发展的一条有效路径，与将美术作为一门独立学科来看，其重要意义在于更关注儿童在美术学习与创作过程中的能力、兴趣与习惯的养成。学前儿童美术教育由于其对象的特殊性，美术教育的"教育"意义更为凸显。

我们以为学前儿童美术教育应该是在学前教育总目标的范畴当中，学前儿童审美能力发展是美术教育的基本目标，但不是唯一目标，学前儿童的认知智慧、行为习惯、肌肉动作、自主管理等方面能力的发展也是美术教育能帮助儿童达成的重要方面。学前儿童美术教育是整合型教育，而不是简单的审美创造性教育。显然，美术教育不能仅为儿童带来审美的价值，还需要考量学前儿童美术教育能为儿童发展带来哪些方面的促进以及怎样的促进。也就是说怎样的学前儿童美术教育是完整的。完整的学前儿童美术教育观需要回答的是，基于全面发展教育目标学前儿童的美术教育，其目标是什么，和可以通过怎样的路径达成既定目标两个重要的命题。

完整的学前儿童美术教育应注重美术教学活动、自主性美术活动、美术教育环境的创设等多种通道对儿童施加影响，应注重在美术教育活动过程中多维度教育机会的整合，应以促成学前儿童在能力、兴趣、习惯等方面初步发展为目的。在完整的学前儿童美术教育观的范畴之内审思美术教育课程追求的能力、兴趣、习惯等基本要素以及它们之间的关联,需要有生态学观点的指导。它们是构成学前儿童美术教育课程生态的生命基点,相互之间存在着动态的联结而非孤立。基础能力、思维能力、实践能力是儿童在美术教育中能力呈现的三个维度。美术教育中的基础能力涉及有关美术的基础知识与技能,思维能力涉及发现问题解决问题能力、创造力、元认知等,实践能力涉及自律、人际沟通、合作、规则意识等。这三者之间的基础能力是基本点,是思维能力与实践能力的依托。这种联结依托的是美术材料的运用、美术作品的流动、动作技能与思维技能的内化迁移、儿童的主动参与以及教师的合适指引而发生的。任何孤立看待美术课程中各个要素的思维,都将制约完整儿童学前美术教育观的践行。

闻裕顺幼儿园的"美诉"课程是经十余年努力建构的一个典型的、完整的学前儿童美术教育观的实践个案。它将视觉表征与言语表达的整合进行积极而有意义的探索,为幼儿园美术教育实践研究的深入,为将幼儿园美术教育领域与其他领域的融合,也为幼儿园课程整合价值的实质提升打开了一扇明亮的窗。学前儿童美术教育既要结果也要过程,既关注审美意识、审美情感、审美认知,也关注其他能力与相应品质、习惯的养成。这些也可以在"美诉"课程实践中得以呈现并在很大程度上得到了落实。课程从材料、环境、作品、主题教学中的路径与策略、教师在美术教育中成长等维度出发,较为系统地阐释了该课程是如何为儿童整体素养的养成与提升而进行的卓有成效的研究。关注儿童的真实体验、真实需求、真实表达是"美诉"课程的基本理念,其从课程目标、内容、组织与评价等课程建设的基本纬度得到了落实。"美诉"课程的构建,比较完美地呈现了基于儿童发展的学前儿童美术教育领域研究的坚持与收获。这从研究团队对美术教育课程建设研究的三个阶段,即从"画得像不像"到"画的是什么",再到"你想画什么"可以得到明显的佐证,熟知儿童需求、关注儿童整体发展、掌握支持儿童整体发展的专业策略是最重要的研究收获。

走完整的学前儿童美术教育,路应该还很长,"美诉"课程的实践研究成果,为以儿童发展为目标的幼儿园美术教育的理论研究提供了很好的实践验证,相信它能为一线的老师们展开积极的美术教育提供很好的指导和帮助。同时,我们也期待"美诉"课程的继续和持久研究,如幼儿园的美术集体教学与自主性美术活动关系的定位,儿童在美术活动中发展的整体性评估等等。目标在心中,研究不停步,"我们永远在路上"应该成为儿童教育者、儿童研究者的一句共勉箴言。

浙江省学前教育研究会秘书长

浙江师范大学杭州幼儿师范学院学前教育系副教授 硕士生导师

目录

C ontents

第一章　美诉课程实践综述

本章导读

　　审美是一种感性智慧,它将对人一生的生命质量和生活质量产生积极影响,幼儿期是这种智慧养成的关键期。"每个幼儿心里都有一颗美的种子。幼儿艺术领域学习的关键在于充分创造条件和机会,在大自然和社会文化生活中萌发幼儿对美的感受和体验,丰富其想象力和创造力,引导幼儿学会用心灵去感受和发现美,用自己的方式去表现和创造美"。[①] 3～6 岁幼儿由于生活经验和语言能力尚不完善,所以感官运动和材料体验成为他们感受、探索美的重要且有效的方法,其中最为明显的表现行为就是画画。"一切儿童都有一种画画的天生欲望"[②],所以说幼儿是天生的艺术家。

　　"美诉"课程是我幼儿园在用了将近十年的时间,在单科美术教学和领域统整性美术教育研究的基础上,努力深入地践行《3～6 岁儿童学习与发展指南》精神内涵过程中,所研发和总结的园本特色项目课程。我们从遵从幼儿身心发展特点的角度出发,以美(视觉形式)和诉(语言形式)为两个"支架",整合多领域学习资源,以经验唤醒、通道建构和多元表达为路径,从材料探索、环境创设、主题行进、作品解读、作品评价这五个方面展开实践与研究,利用多领域、多通道感受和体验的相互渗透作用,支持和促进幼儿的审美、认知、交往和学习品质等全面发展。

---

①　国家教育部.3～6 岁儿童学习与发展指南.2012.10.
②　夸美纽斯《大教学论》

"人类在探讨自我、社会和自然及其关系问题的基础上形成了宗教与伦理、科学和艺术乃至哲学等掌握世界的方式,其中科学求真,宗教与伦理求善,艺术求美,而哲学尤其是美学则将真、善、美有机统一起来,并且由此形成了美学。学习美学可以形成高尚的人生追求"。①

审美也是人类发展过程中的需要,1954年,马斯洛在《激励与个性》一书中探讨了他早期著作中提及的另外两种需要——求知需要和审美需要。这两种需要未被列入到他著名的需求层次序列中,他认为这二者应居于尊重需要与自我实现需要之间,可见审美需要是一种较高层次的发展需要。

吴冠中说:"今天中国的文盲不多了,但美盲很多。"文学巨匠木心也说:"没有审美力是绝症,知识也解救不了。"在全社会广泛关注人的理性智慧开发的时代,似乎现实地、功利地忽略了感性智慧的呵护与培养。对美的体验、发现、表达和创造,看似是一件不那么紧急和重要的事,但实则,在人生的发展过程中发挥着隐性的重大的作用。

有人说②,中国现代企业家分为三代,每一代都有自己的核心竞争力。第一代企业家是在改革开放时率先下海的这一代人,他们的核心竞争力是勇气。在那个时代,只要敢干,就能挣钱。第二代企业家是受过良好教育的人,他们的核心竞争力是知识理性。第三代企业家是以乔布斯为代表的,具有很高艺术修养、审美品质的人,他们是引领这个时代未来的一代。如果在未来,我们缺乏艺术修养、感性智慧,还想取得成功的话,其遇到的困难将和没有受过高等教育的人遇到的困难一样无法估量。可见,感性智慧正成为当下和未来的核心竞争力。因此,从小培养人的感性智慧将成为提升人的核心素养的之关键。

3~6岁幼儿虽然社会经验和语言发展还不够完善,但是他们非常喜爱和擅长用绘画的方式来传达思想和交流感情,因为这可以极大程度地拓宽他们的交流渠道。美术可以让幼儿获得内在效能感,让他们觉得自己可以掌控自己的生活。夸美纽斯在《大教学论》中也发表了"一切儿童都有一

---

① 郭昭第.审美智慧论,北京:人民出版社 2008.
② 中央音乐学院副院长周海宏的演讲"艺术到底有什么用"。

种画画的天生欲望"这一观点,而齐泽克①更是史上称"儿童绘画也是艺术"的第一人,他甚至强调,幼儿的涂鸦是一种幼儿才能够创造出来的艺术,理应得到尊重。杜威也表示,儿童都有使用纸笔的本能与兴趣,所有的儿童均喜欢利用形状及色彩的媒介来表达自己,这些都让美术教育成为提升审美能力的重要手段。

一、美诉课程发展背景

我园一直重视幼儿美术教育,对美术教育的研究发展基本经历了三个阶段,即单科教学阶段、单领域整合阶段和多领域渗透阶段。单科教学阶段也就是传统美术学科领域教学的阶段。在 1998 年以前,以典型的分科教学为特征,采用集体教学的形式,通过前期导入、教师示范、幼儿练习、作品讲评的形式,传授、引导幼儿通过看范画、观察实物等方法获得对美学认知、提高美术技能。

1999 年 6 月,中共中央、国务院做出了《关于深化教育改革全面推进素质教育的决定》,并召开第三次全国教育工作会议,发出了深化教育改革、全面推进素质教育的动员令,素质教育开始进入全面推进的新阶段,单领域整合阶段也在此时应运而生。所谓单领域整合阶段,是指较为系统地将不同年龄段美术领域的学习内容进行整合、开展教育的过程,在我园以"美术特色班"的实践为标志。1998—2003 年间,随着社会对幼教重视程度的提升以及素质教育在基础教育工作中的全面推行,我园开始了首届"美术特色班"的建设与管理,将幼儿美术教育内容进行了充分整合,尝试以美术风格和绘画技能为系统分类的依据,并将所有内容融合到班级管理中去。在当时的美术特色班中,班级环境创建艺术氛围浓厚,孩子们绘画技能熟练,创作的作品艺术元素凸显,孩子们的作品曾经在浙江图书馆开办了专题幼儿画展,获得了社会和家长的美誉。

图 1-1 和图 1-2 是大班幼儿的作品,我们可以清晰地看到画面的各种艺术美,比如构图适宜、主体突出、线条运用流畅、动态表现生动,尤其是色

---

① 斯拉沃热·齐泽克(Slavoj Zizek)(1949.3.21～),当代著名思想家。

图 1-1　果园里[1]

图 1-2　别哭[2]

彩的搭配和技能的运用都比较娴熟,有同色系的渐变、对比色使用,以及同色系的明暗变化以表达物体层次等,同时也可以明显感受到幼儿绘画的年龄特点,比如地平线、侧面画等的表现方式,另外,画面中也不乏幼儿的想象力。

---

① 吴艺蕾画
② 唐依恬画

这两个阶段的发展,让我们一方面看到了美术教育从单科教学走向综合发展的态势,欣喜于老师对幼儿美术领域教学内容的理解和总体框架的梳理,感动于孩子们稚嫩笔触下成人眼中的完美作品表现;另一方面我们也清醒地看到了美术教育中还应该思考的一些问题:

1. 孩子们的体验真实吗

活动中的体验主要来自听(教师讲解)和看(教师范画或者实物),而缺少真正适合于孩子学习特点的操作性体验,容易使得幼儿获得的经验和认知局限于表面现象,而不容易使其成为幼儿内化的、深刻的知识结构,也使幼儿创作的作品方法以模仿为多,一定程度上限制了孩子的想象力的发展。

2. 孩子的真实需求被重视了吗

教学内容完全预设的实施方法,容易使得教师习惯于按照教学计划严格执行,在教学方法上整齐划一地进行集体教学,教师难以很好地关注个体的真实需求。无论是单科教学,还是单领域整合教育,美术教育就像一个大球,由老师在后面推着向前滚动,而幼儿们不由自主地被动前进,也许他们想停下来看看身边的好风景,但被推动前进的"大球"没法一一等待。

3. 孩子的表达表现是内心所想吗

在教育评价上,以完成作品的质量高低为评判标准,考虑更多的是艺术元素的体现,往往把它看作一件单纯的艺术欣赏品来评价,而忽略了它对幼儿来说首先是自我真实需求的表达。

2012 年 10 月 15 日,国家教育部颁布了《3～6 岁儿童学习与发展指南》,明确指出了要"引导幼儿学会用心灵去感受和发现美,用自己的方式去表现和创造美",而成人"应对幼儿独特的艺术表现给予充分的理解和尊重"的教育方向。对于心灵的感受、独特的表达、充分的尊重等关键词的理解,在教师团队的心目中埋下了一颗种子。2015 年浙江省体卫艺规划课题《儿童的另一种语言——幼儿园立体涂鸦的实践研究》的立项,这颗种子终于发芽生根并逐渐长大,随着越来越清晰的目标,我们的方向也越来越明确,针对前两个阶段存在的问题,我们需要解决的是:

1. 要给幼儿以真实的体验

幼儿的具象思维特点、年龄发展特点,决定了真实体验在他们探索世界中的重要性。除了视觉通道、听觉通道以外,还要充分调动幼儿运动觉通道的开放,多通道并进,给他们以最为真实的体验,以期获得最为真实和深切的感知。

2. 要关注幼儿真实的需求

读懂幼儿的表达,从整体效果、构图特点、重点描述、细节描述、色彩搭配等内容,客观、科学地分析幼儿生活状态、情感需求、帮助诉求等,努力去看到他们内心的真实需要,以便为他们的发展提供合适的支持。

3. 要引导幼儿真实地表达

转变儿童观、价值观,以幼儿为主体,充分尊重他们的思想和个性,使他们真实表达自我认知中的世界和关系。不再以艺术元素的体现为唯一评判作品的标准,更关注从幼儿的视角出发进行的独特表达。同时,也将此作为教师主动地去了解幼儿发展状况的抓手,以分析其所处的发展水平,为班级教育管理的深入开展提供依据。

这就是我们第三阶段"多领域渗透阶段"的标志产物——幼儿园美诉课程。

纵观三个阶段的发展,跟随教育大形势的浪潮,我们的教育观、儿童观、价值观都在发生着改变。从表 1-1 中,我们可以清晰地看到:美术教育的价值观从"能不能表现真实的存在"到"鼓励表达对世界的认识";组织形式从单一的集体教学,到根据需要设置不同的集体教学、分组教学、区域活动、自主游戏等;教育内容从单独的课节安排,发展到多领域的整合性安排,真正将美术融合到生活中去,凸显其生活特质;教学方法也从"老师教"逐渐发展为"自主学、老师导",同时也不乏出现问题探究以及解决的生成性内容。当然最为可贵的是幼儿学习方法的改变,从模仿学习到激发潜能的自主学习,再到以发现问题、解决问题为线索的探究式学习,大大促进了幼儿学习品质的发展。

表 1-1　美学教育三个发展阶段项目比较表

发展阶段 具体内容 比较项目	第一阶段	第二阶段	第三阶段
价值取向	画得像不像	画的是什么	你想画什么
组织形式	集体教学	☑集体教学 ☑区角活动	☑分组教学 ☑区域活动 ☑自主游戏
内容安排	单独课节安排	美术领域的系统安排	多领域的整合安排
教学方法	☑教师教，幼儿学	☑教师教，幼儿学 ☑在区角里面学习	☑操作材料中体验 ☑教师支持性学习 ☑同伴间互相学习 ☑解决问题式学习
学习方法	模仿为主	模仿学习　自主学习	探究式学习

二、美术与美诉的关系辨析

(一)概念释义

美,是一切能让人产生愉悦情绪的人或者事物。

术,指技艺、技术。

诉,是诉说、倾诉和诉求。

美术,用一定的物质材料,如颜色、纸张、画布、泥土、石头、木料、金属、木头等,塑造可视的平面或立体的视觉形象,以反映自然和社会生活,表达艺术家思想观念和感情的一种艺术活动。

美诉,是幼儿在充分感知和理解的基础上,运用美术和语言的方式表达自己的情感、体验与认知。它是幼儿个体在对外界的自我认知和探索基础上,用自己特有的方式,去描述对美的感觉、体验、认知和态度,并融合自己的想象和需要进行对美的表达和再创造的过程。

美诉课程是大艺术教育观领域下直抵幼儿心灵的统整性课程;是以美诉为手法,通过提供充足的材料和美的环境去引导幼儿充分探索体验,以获得真实的感知;在方案活动和主题行进中进行多领域整合教育,以支持和满足幼儿真实的发展需求;在多通道的开放和建构中重构经验框架,多元地进行自我表达和美的表现。美诉课程是一种师幼共建的课程,其"经验唤醒—通道建构—多元表达"的路径是追随着幼儿的发展需求而具明显动态发展特点的。美诉课程还是一种理念引领性的课程,其关注幼儿年龄发展特点、在充分体验中获得真知、在发现问题和解决问题中得到提升、珍视幼儿的每一次表达等,在我们日常教育和管理中能起到很好的引领作用。

(二)关系辨析

美术与美诉,有许多共通之处。在研究范畴上它们都属于通过视觉形式来表达、表现一切美的事物。在研究对象上,都是以反映自然、社会和人的形态、关系,表达创作者的思想观念和感情。然而在研究方法上,尽管美术和美诉之间存有交集,但是它们研究的侧重点仍有很多不同之处:

1. 研究内容的侧重点不同

美术重在研究"术",通俗地讲是研究怎样更好地表现美的一种方法、技术。而美诉重在研究"诉",是研究怎样更好地对美进行自我认知下的表达。前者强调结果和效果,后者更注重人的整体发展。

2. 研究过程的侧重点不同

美术教育过程的重点在于创作,对于教师来说,前期对学生的引导、体验等在教学中占了较少的比重,如果个体有需要,那么大部分的探索时间是在教学活动以外的。而学习的重点就是创作的过程。美诉教育过程的重点在于感知,通过与材料、环境在于充分互动、探究进行去感知物体的特性,获得更为真实的体验。

3. 研究评价的侧重点不一样

美术作品评价重点在于艺术性,包括总体视觉感受、艺术表现技能等。美诉作品评价重点是其现实性,包括绘画主体的生活状态、学习发展现有水平、正在经受的干扰或者困难诉求等,而且美诉作品经常是需要通过主体自己的语言解说才能让欣赏者更加理解,所以我们常可以看到美诉作品的边角上都有教师记录的幼儿创作当时的语言说明。

总之,美术与美诉,都是我们在实践探索中慢慢走过的路,如果要用一句程度性的话来区别,可以说"美诉是特别适合 3～6 岁幼儿的美术",也可以说,根据幼儿年龄特征和学习特点,美诉是充分挖掘和放大美术中的感知体验,进一步关注和引导幼儿的自我认知和自我表现,注重在作品评价和作品赏析中发现儿童的真实需求并给予适宜支持,以达成促进幼儿全面发展的目标。

　　以下两幅表现大树的幼儿作品中,我们能清晰地感受到美术和美诉的不同之处。图 1-3《大树是我家》,这幅作品中幼儿用非常熟练的构图和用色技巧来表达想要一棵"像家一样的大树"的心愿,树上还住着很多动物朋友。仔细观察,我们可以发现,孩子表达树叶、树上小屋的屋顶以及颜色等细节时,用的是同样的技法,所以树叶和屋顶的画法是雷同的,这就是技术复制的体现。图 1-4《游乐园树》,这幅作品中孩子们同样也想表现一棵"像游乐园一样的大树",他们在前期对年轮、树叶脉络、树干形状等作了深入探究,所表现的大树既有粗大树干、细小树叶等具体形象,又有荡秋千、玩滑梯、玩玩具、喝水等具体生活的抽象表现。虽然画面没有其他色彩和特别吸引眼球的表现技能,但珍贵的是它真实地反映了幼儿的生活和认知,以及对未来生活充满憧憬的想象。

图 1-3　大树是我家 ①

_____

① 顾芷伊画（2001 年）

9

图 1-4 游乐园树①

三、美诉课程目标

课程是一个特定的群体看待事物的独特观点,它是一种教育理念,融合了群体的教育价值观,存在于我们日常工作的点点滴滴之中,所以课程是领导着团队向着共同价值目标迈进的方向标。

美诉课程中关于幼儿发展的目标是:

1. 引导好奇心、培养探索欲

好奇心是促进人类文明进步的动力,有了好奇心才使人类的探究和创造有了可能。引导幼儿对周围一切事物的发展、变化具有好奇的态度,并乐于发现问题、探索现象和找到解决问题的方法。

2. 保护想象力、呵护创造欲

带着想象的翅膀,我们能够飞得更高、走得更远。幼儿是天生的艺术家,他们想象的艺术火花积极活跃,我们要善于保护、引导幼儿想象力的发展,为他们具有个性的创造搭建基础平台。

3. 激活表达欲,发展社会性

能享受美感经验与艺术创作的乐趣;对艺术作品有自己的欣赏角度和具体感受,并能用语言、美术的方式表达;在表达、表现过程中,与同伴合

---

① 大班三人小组(2017 年)

作、探究、分享、交流,在幼儿园这个小社会中积极融入和自我发展。

美诉课程中关于教师发展的目标是:

1. 在尊重和发现中真正实现幼儿主体地位

信任每个幼儿都是天生的艺术家,尊重他们的年龄特点和个性需求;珍视他们的每一次表达、每一件作品,重视他们每一次提出的诉求;发现他们的独特性和真实状态。

2. 在支持和共享中促进幼儿真实发展

在尊重和发现的基础上,针对幼儿需求有针对性地提供专业支持;共建共享艺术氛围浓厚的环境,与幼儿共成长。

四、美诉课程设计方向

1. 设计一:丰富的感官探索材料能为幼儿提供更为真实的体验

美诉课程的价值首先在于对探索材料的重视和挖掘,幼儿在材料探索中的经验积累应重于结果呈现。对于感官运动阶段的幼儿来说,其具象思维的特点决定了说教的教学手法,无法让他们获得真实、深刻的体验,也不能很好地建构稳固的认知体系,所以只有在与各种各样材料的互动以及操作过程中,他们才能进一步熟知材料的特性,掌握材料的使用方法,并创造性地使用材料来进行表达和创造。1896 年杜威在芝加哥大学任教时创办了实验学校,于1898 年增设了一个招收 4～5 岁儿童的附幼部,他在附幼部设置了几间手工教室,让孩子们大量地接触各种类型的原材料,他的美术教学方式,不是作为一个单独的科目来实行,而是融入一个大的设计活动中进行,让孩子们在使用这些原材料。根据自己的设计意图共同完成这个大项目的过程中获得满足。这些项目中产生的作品,在老师一定的指导下变成具有更深刻的意义和艺术性的作品。幼儿参与这种设计教学法的情境,是出于他们内在的需求,在美术操作活动中获取经验,并熟悉工具及其生产、创造过程,进而获得自信与满足感。我们的具体假设是:

(1)丰富性。要提供品种和数量丰富的材料与工具,让幼儿在操作中弄明白它们的用法,探究运用材料的技术、锻炼逻辑思维能力,形成多种身体技巧(涂、画、折、重叠、连接等手臂大肌肉运动技巧,捏、抹、晕、搓、插等小肌肉精细动作等）。

（2）层次性。要根据材料特性、功能等对其进行层次的分类，主张对一种或者一类进行持续、深度的探究。每次提供的材料不宜太过纷杂。材料的进入和退出要根据孩子的发展需求来确定。

（3）适宜性。材料要适合幼儿整体需求和个别需求，便于他们深入了解材料，在不断实验中适应、熟悉材料媒介，与它们建立起亲密关系。我们要努力用真实适宜的材料，给幼儿感知特性的机会，激发他们在自己的适宜水平上，通过材料的促进得到更大发展。

2. 设计二：艺术的环境氛围能为幼儿提供潜移默化的浸润

公共艺术家曾英栋教授曾经说过："为什么 TW 的艺术环境无法延伸到每一个角落，因为，从小给孩子看的都是丑的，长大时美的概念自然好不到哪里去；如果从小看的都是美的，那么结果当然也就会不一样。"研究证明，在艺术氛围浓厚的学校里学习的儿童能够更好地表达自己的观点和想法，这就是环境对人的重要影响，幼儿园自然也不例外。创建探究美感的环境，我们的具体假设是：

（1）区域划分。要有足够大的活动空间，设置方便、有趣、吸引人的操作性区域，多样化的作品展示以及作品存放空间。

（2）空间利用。运用平面布局、立体设计、混合媒介等多种方式，将空间进行多层次利用，实现更高效的空间使用效益。

（3）氛围渲染。在活动室内布置精美的艺术作品，在不断重复出现中强化和潜移默化地对幼儿艺术感培养起到暗示作用。不局限于成品展示的弊端，要充分看到名家大作、同伴作品对孩子审美的积极导向作用。接触高水平艺术作品、讨论作品的视觉形象感受并引导幼儿尝试着运用到自己的生活中去。

3. 设计三：充分的表达表现能为幼儿提供更好的经验重组

尊重幼儿每一次的创作过程，引导他们将思维外化，并在与原有认知结构的冲突中获得经验的重组和提升。要引导幼儿进行表达表现，首先需要我们充分尊重幼儿，站在与他们一起的视角上看待其创作过程和成效。陶行知先生认为，要"把我们摆在儿童队伍里，成为孩子当中的一员。"他说:"我们加入到儿童队伍里去成为一员,不是敷衍的,不是假冒的,而是要真诚的,在情感方面和小孩子站在一条战线上。[①]"我们的具体假设是:

(1)引导幼儿通过语言表达感知。语言作为一项最为快捷的交流工具运用,但它又不仅仅是一个工具,更是伴随幼儿终身发展的生活技能。美诉课程应该时刻关注在语言工具运用过程中,提醒教师的积极引导,唤醒幼儿头脑中的已有经验,努力发挥语言的描述、表达等基础功能,开发语言的逻辑思维功能,使它发挥最大功效。

(2)引导幼儿通过美术表现体验。以真实的体验为基础,用美术的方式将它们表现出来,使自己更好地认识自己,让同伴互相增进了解。通过材料操作、自然观察、社会实践等各种方式增进体验,以主题活动、区域活动、小组学习、个别活动等形式展开美术创作,表现自己的认知、情感和交往态度。

4. 设计四:认真倾听和有效回应能引导幼儿更好地表达自我

生活中,随着外界刺激的不断增加,储存在幼儿脑海中的表象也越来越多,教师认真倾听以及有效回应就是帮助幼儿不断将原有的表象经验调动起来的最好途径。我们的具体假设是:

(1)认真倾听。认真倾听是给幼儿的表述一个明确的对象感,也是教师尊重幼儿独立性的重要表现。教师通过认真倾听、眼神和肢体的回应、附应性语言和简单插问等方式,向幼儿表达自己尊重和关注的态度,激励对方调动生活经验、组织语言表达,向倾听方展示自己的真实信息。

(2)有效回应。表达和回应是一个双向互动、互为促进的过程,在此过程中教师有效地回应能最大程度地促进幼儿的表达效果。表述不清时的追问、逻辑混乱时的提问、无法表达时的提示以及表达精彩时的赞许等,都将给孩子以鼓励和引导。

5. 设计五:在对自己和同伴的作品赏析中提升认知

图像是一种符号,也是一种语言,通过对作品图像符号的感知与分析,可以让幼儿感知对方的认知和世界,接收到对方的情绪与关怀信息。同时

①　陶行知.创造的儿童教育.见陶行知名篇精选.北京:教育科学出版社,一版.202.

在赏析过程中,也是彼此的认知框架不断被调整和修改的过程,幼儿接收到很多新的信息之后,或认同或排斥,并通过自己的判断筛选进行同化或者舍弃,使自己的认知得到提升和发展。

五、美诉课程的操作实践

美诉课程在实践操作中不断探索,逐渐建构起以美诉主题课程为主的操作体系,主要包含操作形式、操作策略、操作手段和操作方法。它适用于幼儿园对 3～6 岁幼儿展开深度美术教育的过程,能够为执教老师提供理念引领和教育指导,具有一定的普适性和推广价值。

(一)操作形式

美诉课程以主题课程为主线,辅以方案活动、区域活动和家园互动等形式。它们互为补充,交叉进行。

1. 主题课程

主题课程是美诉课程的主要形式,它从教育目标、教育内容等各方面架构起幼儿发展的网络体系,在对幼儿认知、情感、交往等进行全方位的观察、了解下,组织相关教育内容,实施对应教育策略,跟进相关教育支持,实现幼儿不断发展的可能。主题课程的实施采用发现幼儿需求—设计主题目标—编制教育内容—实施各项活动—评价与调整等五个步骤进行。其中前两项为教师主导进行,其余三项教师与幼儿共同参与。

主题课程实施过程中,应理清楚三种关系:

第一种是教师与幼儿的关系。在主题课程中,始终凸显幼儿的主体地位,课程的一切实施动机都是为了推动幼儿的真实发展。而教师的主导作用主要体现在提供各种各样的支持和引导,比如环境、材料以及必须的知识架构等。所以,任何的占位、包办、替代都是错误的教育行为。

第二种是课程与幼儿的关系。课程服务于幼儿,而非课程左右幼儿。所以,课程的进行是一种动态的过程,它始终紧紧跟随幼儿的发展节奏和发展需要,随时做出相适应的调整。可见,主题课程不是完全预设的,更不是恒定不变的,教师可以针对不同的班级、不同的个体,进行适宜化的调整,以期更加符合个体发展需求。

第三种是幼儿与幼儿的关系。这种关系不仅是同伴关系,更是合作伙伴的关系。在主题课程实施中,他们发现问题、共同讨论、寻找方法、解决问题,从中获得了合作、分享的快乐,也收获了互助、共赢的友谊。充分发挥幼儿园这个小社会的功能,我们将发现孩子们之间互相学习的力量远远超过我们的想象,正确处理好这对关系,将使主题课程的实施对幼儿发展起到事半功倍的效果。

2. 方案活动

方案活动是在主题课程中衍生出来的操作形式,主要是当主题课程实施过程中出现困难、产生需求、发生兴趣等生成性问题时的解决方法。方案活动一般是一个任务一个方案,其过程一般为群体问题发现—共同讨论方案—优化方案选择—实施方案操作—方案效果检验。教师要鼓励幼儿发现问题,引导他们用方案活动的方法去实现合作并解决问题。方案活动实施过程中,教师需要掌握好进与退的分寸,孩子们茫然的时候,需要教师"进",为他们提供适宜的学习的支架。孩子们有思考的时候,需要教师"退",让他们顺着自己的思考继续前进。另外,老师还要学会等待,等待孩子们不断完善自己的方案,等待他们在探究中有更完美的表现,也等待他们出现问题后的自我纠正和调整,切不可急不可耐地跳出来帮助孩子解决老师眼中可能会出现的这样那样的问题,否则,你将成为一个最无趣的老师。

3. 区域活动

区域是根据主题课程而设置的,区域活动是为了补充在主题行进中个别幼儿操作不足或者缺失的需要而设的活动。区域活动展开过程中,我们首先必须要提供足够种类和数量的区域操作材料,以满足幼儿活动需要;其次还需要营造充分自主和自由的氛围,允许幼儿按需随时进入;最后就是区域内容的调整要及时跟进主题课程内容,以防止出现脱节现象而让幼儿无所适从。

4. 家园互动

家园互动是美诉课程的补充形式,主要是针对课程内容,为拓宽幼儿认知、增进亲子情感、鼓励幼儿多途径学习的一种美诉操作形式。具体是通过家长与幼儿的阅读、探究、运动、社会实践等多种形式，对美诉课程中的教育内容获取进一步的感知和体验。

(二)操作策略

美诉课程总体操作策略是依据幼儿思维特点进行，以探索、感知和表述进行原有经验的有效唤醒；以双重编码理论指导下的语言形式与各通道的有效开放结合进行通道的建构；以平面、立体、语言和综合的方式进行新经验的多元表达。它为教师实施美诉教育提供了切实可操作的方法。（以下内容第四章中还有更为详尽的说明）

1. 经验唤醒策略

随着幼儿年龄的不断增长，他们在脑子里形成了越来越多的关于客观存在的事物表象。他们能够根据这些表象，通过语词、想象、声音和动作去创造外在表现。表象可以令他们摆脱对具象的依赖，回忆和重复过去的事情，是一种有意的再现，对幼儿来说非常重要，为他们获取更为成熟的思维方式打下了基础。这些表象我们可以称之为经验。经验存在且沉睡于大脑中，如果没有被唤醒并活跃起来，那么将不能成为后期新经验架构的基础。所以，美诉课程的重要策略就是通过多种途径，努力将更多的经验唤醒，以便为新经验的架构提供更多的基础和更大的基数。经验唤醒具体策略为：

(1)探索唤醒。幼儿与材料互动的探究过程，其本质是在大脑操控下的手部与身体肌肉的活动。探索的动作越复杂、频率越高，大脑皮层的活动就越为积极，大脑对其探究获得的经验感知度越为深刻。另外，在探索中常常能建立起经验与经验之间的关系，并以此关系来区别和加深记忆，这也是人脑对外部刺激信息处理的一种方式。提供多样探索的目的主要是为了增强体验，获得经验，同时建立好各种经验之间的关系，以便当被需要调用的时候，能有相关的最为接近的经验被唤醒和使用。自然，这样的经验多多益善，所以提供多样化的探索是一种为幼儿设置的经验准备。

(2)感知唤醒。感知是通过我们的感觉器官接收到外部信息后，将其转换为感觉信号并传输到我们的大脑中进行情感格式化处理的方式。可以看到，感知是人类对客观世界的主观反映，并带有鲜明的个体特征。同样的事物,不同的人感知结果是不一样的,比如对于春风,基于不同幼儿的年龄特点、生活经验、认知经验等,孩子们会有许多不同的感知:"春风是暖暖的""春风是卷卷的吧? 因为它有时候会把地上的叶子卷走""春风是香香的呢""春风是很调皮的"……感知越充分,幼儿对事物的总体特性掌握越完整。引导幼儿有目地地观察、提供真实的感知情境、建立各类感知之间的通感关系等,都有可以帮助幼儿进行充分感知,获得真实而深刻的体验。

(3)表述唤醒。如果说多样探索和充分感知两种策略是对经验在大脑中做充分储备的话,那么引发表述唤醒就是对经验的现场唤醒。这一策略在美诉课程所有活动的引导步骤中,都呈现出明显的地位,老师们一般会使用三分之一甚至更多的时间,引发幼儿对经验的回忆并用自己的语言进行完整表述。我们通过简单的多种方法导入引题后,继而采用提问、追问等方式,与幼儿进行大量的语言交流,引导幼儿充分回忆原有经验、认真倾听他人经验、选择与主题相适宜的经验进行表述与交流,并进一步固化幼儿对该事物的稳定态度。引发回忆和表述的过程,实质上是在语言的使用中,让原有沉睡的经验被大脑唤醒,并积极地进行回放以及新经验重构的过程。

2. 通道建构策略

人的感知通过人的感觉器官来实现,笼统地讲,我们的感觉器官就是感知通道。蒙台梭利曾经说过:美育与感官训练是密切联系的。她认为我们的周围充满无数美妙的事物,但可惜人们由于感觉迟钝而无法欣赏到。所以她强烈主张艺术学习意味着一个人必须发展他的感官以及双手的动作。"美育……与感官训练息息相关,丰富一个人的感官经验与培养其区别微小刺激差异的能力,可以增进其感受力和增添其乐趣……感官迟钝的人无法欣赏到大自然与艺术中的和谐之美"。感官越敏锐,其感受能力越强。所以,提升各类感知通道接收信息的敏锐度,能有效提高幼儿发现和感知能力。

(1)通道开放。要建构通道以及之间的联系,首先尽可能多地必须开放通道,让各类通道都有机会参与到感知活动中去,这就需要老师在美诉课程中设计出给予多种通道的刺激方案。比如小班的感知春雨,我们打破常规课堂教育的局限,带领孩子在雨天走进自然,看着春雨滴落在伞面上、草地里;听着春雨滴滴答答的声音;踩得雨水噼啪噼啪响;甚至脱下雨帽,仰着头让雨滴落在脸上、嘴里,体验春雨的味道……在这个活动中,视觉、运动觉、触觉、味觉、嗅觉等通道全部被开放和调动起来,尽情地接收和储存来自情境中的相关信息,为大脑对信息的加工以及给出主体一个总体印象提供了丰富的素材。

(2)通道建构。如果说通道的开放是给各种通道提供了丰富的信息刺激,为幼儿进行充分的感知提供了可能,那么通道的建构就是对信息进行积极的处理。所谓"视而不见"就是听觉通道接收了信息但是未进行处理的典型实例,可见,仅仅开放了通道却未能将信息经过处理转化为自身经验的,也就失去了通道开放的意义。

通道建构的主要依据是双重编码理论,心理学家佩维奥认为,信息的获取有两条加工通道,即非语言的和语言的,两者同样重要。因为"人的认知是独特的,它专用于同时对语言和非语言的事物或事件的处理。此外,语言系统是特殊的,它直接以口头和书面的形式处理输入与输出,同时它又保存着与非语言的事物、事件和行为有关的象征功能,任何一种表征理论都必须适合这种双重功能"。所以,双重编码理论认为:若在其他通道开放的同时,加入语言的形式,可以增强对信息的回忆和识别。故通道建构有一个关键因素,就是用语言的形式对每一个通道获取的信息进行必要的梳理,具体表现在对信息进行客观描述或者综合性表述。因为信息接收只是通道收到的一个笼统模糊的感知,很容易被淹没和替换,而加入了语言的形式进行反复回忆、识别、分析、判断和取舍之后,将大大增强经验的稳定性,更容易成为个体知识体系中的稳固部分。

3. 多元表达策略

多元表达是指幼儿在与材料的充分互动探究和真实感知的基础上,运用各种通道来梳理和建构起自己的经验体系,再用自己独特的方式将此体系进行表达和表现的策略。具体有以下两种常用方式:

(1)美术表达。按照空间划分,美术表达可以分为平面表达和立体表达两个方面。平面表达主要是用涂鸦的方式进行,即用画笔、颜料类工具在纸张类材料上进行平面涂画,以表现自己的新认知、新经验。这是幼儿最为常用的表达方式,也被老师们普遍运用于集体活动和区域活动中。结果呈现的作品是儿童画,可以用于展示陈列、装饰,或者让幼儿带回家。

立体表达是用一些可以塑型的材料,如轻泥、废旧物、自然物等来进行创作的表达方式。立体表达对幼儿空间和思维能力的促进与发展有着极大作用。立体表达的组织可以是个体创作,但更提倡组合型创作以及分工合作型创作的方法。组合型创作是围绕同一个主题表现同一个内容进行的个体创作,再将个体作品组合成丰富的主题内容。分工合作性创作是指围绕同一个主题表现不同内容进行分头创作,最后组合成一个丰富的主题内容。立体表达的方式一般呈现的作品非常宏大有气势,能给幼儿足够强度的视觉冲击,引发幼儿自信心和创作兴趣。

(2)语言表达。脑科学家在研究中发现,人脑所储存的信息绝大部分在右脑中,并在右脑中正确地加以记忆。右脑如同一个书架,将各类信息分层记述和储存。而思考的过程是左脑一边观察提取右脑所描绘的图象,一边将其符号化、语言化。所以在运用语言进行表达的过程中,需要右脑经验的充分唤醒才能得以表达的支持。所以语言表达实则是让经验充分唤醒、活跃和重组的思维过程。

当然,以上两种形式往往不是单一存在和使用的,我们可以进行整合表达。整合表达是指根据表达需要结合平面、立体和语言的方式来进行。没有固定的比例界限,一切以支持和满足幼儿真实表达的需求为最终目标。

(三)操作手段

美诉课程在操作过程中有一个核心特点,那就是充分感知。开放视觉、听觉、运动觉等多种通道,提供足够数量的操作材料,让幼儿浸润其中,并在与材料的不断互动中体验和感知,架构起其自身的认知框架。美诉课程改变了常规美术教育的逻辑结构,从教师主导下的示范、教育,变成由教师提供各种支持下的操作与感知。其中一项基本手段是材料媒介运用。

1. 材料媒介的有效运用是美诉课程的基本手段

材料媒介是指美诉课程中用到的物质性的东西,包括各种材料、工具以及幼儿作品。材料媒介是连接幼儿与周围世界的中间介质,以材料为媒介实施美诉课程,可以帮助幼儿获得符合自己年龄特点的适宜发展。材料是有个性的,不同个性的材料适合于不同年龄、不同表达特点。材料提供的数量、种类以及出现的时间节点是有讲究的,过多或者过少、过早或者过迟都会给孩子们的操作与表达带来负面影响。另外,材料也是多用的,同一种材料可以开拓不同的玩法,也正是在不断的探究、开拓中,幼儿利用材料获得充分感知。(以上关于材料的使用特点、方法、注意点等阐述详见第二章《材料探索中的感知》)

2. 幼儿作品的精准解读是美诉课程的核心技术

美诉课程中,幼儿作品不仅是一个活动的结果呈现,更是后续工作的依据和开始,我们将从孩子们的作品表达中,研究分析其年龄特点、生活状态、发展水平和发展诉求,这也是美诉课程关注人的总体发展的重要价值。作品解读必须关注以下三个方面的内容:其一是关注幼儿对自己作品内容的表述,并做好客观直白的记录;其二是寻找作品中的观测点,并对照其年龄特点进行发展水平分析;其三是对于其中特别夸大表现的或者与常态不同的地方进行重点分析,探究幼儿内心真实的诉求;另外,需要教师同时运用语言技术及时跟进观测与了解,为能够更加精准地解读作品提供多方面依据支持。(以上关于作品解读的具体分析和技术使用方法等阐述详见第五章《幼儿作品解读》和第六章《幼儿作品评价》)

(四)操作方法

教育是一项复杂的工作,所以在逻辑上不存在一种可以绝对适用于任何教育活动的操作方法,美诉课程也不例外。我们在明晰了美诉课程的操作形式、操作策略和操作手段后,在实践运用中,不同的老师、不同的年龄、不同的教育内容可能就会衍生出很多不同的方法。在此,我们选用了具有典型美诉课程特征的中班主题活动"多莉,去哪儿了",供大家参考。

中班主题"多莉,去哪儿了"

主题目标:

(1)了解海洋生物的丰富性,知道海洋中有各种形态、大小、颜色的鱼类,其种类繁多。

(2)能够大胆地用自己喜欢的材料和方式表现自己喜欢的鱼。

(3)尝试借助艺术载体进行多元表达,促进综合发展。

主题设计:

幼儿天生对于大自然有亲近之情,神秘的海洋、美丽的海洋鱼类更是深深吸引着孩子们。《海底总动员》是很多孩子看过的电影,电影里的尼莫、多莉是孩子们非常喜爱的动画角色。从孩子们感兴趣的动画角色入手,开启孩子们的海洋之旅。通过对幼儿的跟踪观察和了解,我们发现中班年龄段幼儿在认知经验、情感态度、艺术表达上有以下特点:

1. 认知

(1)丰富的媒体资源和生活环境,幼儿对海洋的认知经验比较丰富。

(2)对海洋生物的认知经验比较粗浅、零散。

2. 情感

(1)喜欢海洋生物。

(2)对海洋生物充满好奇、探究兴趣。

3. 艺术表达

(1)色彩具有强烈的视觉效果,容易引起幼儿的关注。

(2)能抓住事物的外形主要特点进行艺术表达。

(3)艺术表达的方式比较单一,集中在用笔画。

(4)对细节的关注和表现意识逐渐加强。

一、"多莉,去哪儿"主题路径架构(见图 1-5)

(一)经验唤醒:了解孩子对海洋生物的已有经验

1. 利用涂鸦问卷、家园合作,了解孩子已有经验。

2. 利用视频、绘本等材料丰富幼儿对鱼类的认知、情感、经验。

在此我们安排了三个教学活动。"多姿多彩的海洋"是活动的开始,通过视频帮助幼儿感知海洋世界的丰富,鱼儿们的美丽、神奇,引发兴趣。"我是一条快乐的鱼",帮助孩子们了解鱼儿是有很多种的,大海分为阳光层、暮光层、午夜层,每一层的鱼儿的颜色、体态等都有所不同,进一步增强对鱼儿的认识。"我最喜欢的鱼",通过涂鸦表,了解孩子们有关于鱼的经

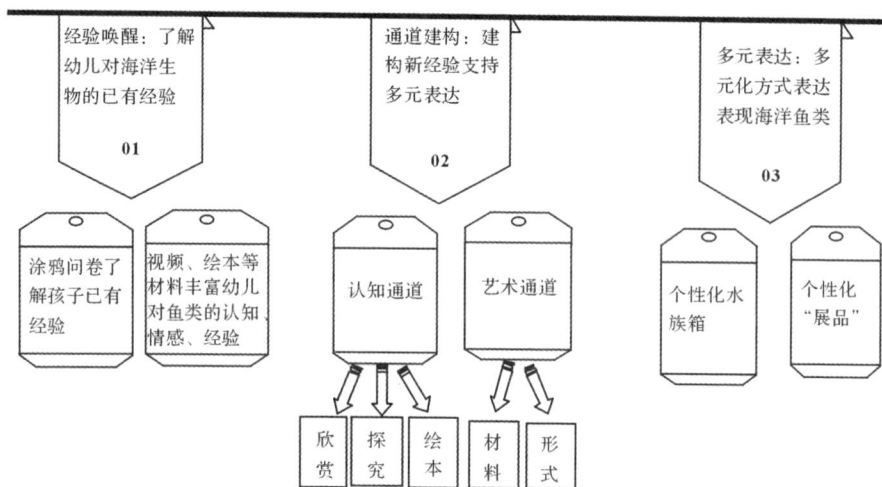

图 1-5　美诉主题"多莉,去哪儿了"的主题网络架构图

验,同时帮助孩子们了解什么是鱼,鱼的身上有什么结构等等,为下一步表现鱼做准备。

(二)通道建构:建构孩子对鱼类新的认知经验,建构多元艺术表达的经验

为了支持幼儿在美术活动中的表达,在"多莉,去哪儿了"涂鸦主题开展的过程中我们通过多种支持儿童建构新的经验,这种经验既包括海洋鱼类经验也包含艺术表达的经验。

1. 认知通道:图片欣赏,视频欣赏,情景体验,自然角里创设海洋鱼的饲养区支持儿童的观察、欣赏、记录。

2. 艺术通道:指的是支持幼儿建构艺术表达的经验,主要体现在艺术形式、材料应用等。

(1)多样化纸张:在活动开展的过程中,发现幼儿在不同大小、颜色的纸张上作画,效果截然不同。活动中我们基于幼儿年龄、内容来选择大小不一、颜色不同的纸张画画。

(2)多类形式:为了更好地支持幼儿的艺术表达,我们尝试不同类型的艺术表达活动,比如:轻泥、毛线、纸盒、塑封纸、树叶等等,这些艺术形式为幼儿的个性化艺术表达提供了支持,让创造成为可能。

（三）多元表达：幼儿基于自己对海洋鱼类的经验，运用自己擅长、喜欢的方式进行表达

1. 多元艺术形式

选择自己喜欢的作画方式，对幼儿来说是一件幸福的事。在主题开展的过程中幼儿可以根据自己的需求和喜好选择水粉、轻泥、美工等不同艺术方式。我们可以看到不一样的作画方式，一样的精彩。

2. 多区域联动

在"多莉，去哪儿了"的主题活动中，我们创设了丰富的区域内容，除了常规的图书区、科学区，还创设了丰富的美术区域，比如色彩区、线条区、美工组合等，把这些区域内容联动起来进行更加多元化地表达表现活动。

二、"多莉，去哪儿了"美诉主题实施的相关策略

在主题活动内容预设中老师们在艺术层面埋入了色彩和线条两条美术目标发展线索，但是在美诉主题中如何引导幼儿更好地进行艺术表达却一直存在困惑和隐隐担忧。这种困惑和担忧在本次涂鸦主题的开展中老师们通过自己的教学实践、摸索有了自己的想法和见解。

（一）内容设计要循序渐进

在"多莉，去哪儿了"这个主题中，我们从多姿多彩的海洋入手聚焦到鱼类，然后从鱼的认知、形状、线条、图案出发，通过绘本、语言、科学、艺术类等活动循序渐进推进幼儿的艺术表达能力。

（二）基于年龄特点层次推进

中班幼儿处于线条和色彩表达的初步阶段，基于中班儿童的这个年龄特点，我们在主题活动开展过程中，通过用线条表达《胖胖鱼》《绳子鱼》《三角鱼》《千奇百怪的鱼》等逐步推进幼儿线条表达能力的发展；同时结合《彩虹鱼》《渐变鱼》《冰冰海》《暖暖海》等活动推进幼儿对渐变色、对比色、冷暖色的认知、了解、表达。

（三）环境的潜移默化

在"多莉，去哪儿了"这个主题活动开展的过程中，我们跟随主题的行进，不断调整班级的环境。海洋风的环创风格营造良好的氛围；主题式作

品的呈现体现艺术美；丰富的区域内容支持儿童学习、游戏……

（四）顺应幼儿兴趣、需求的方案教学

在主题实际开展的过程中，我们三个班的孩子们分别对于水族馆产生了兴趣，于是"制作水族馆"的方案教学应运而生。

在活动中孩子们积累水族馆的相关经验，知道什么是水族馆，水族馆是什么样子的。在此基础上，孩子们讨论要做什么样的水族馆，用什么材料，怎么做，放什么，在哪里展示等等。

（五）等待、留白很重要

等待是尊重，是给予幼儿充分的时间，不要求幼儿在指定的时间和区域完成作品，给予幼儿充分的时间，让幼儿"随心而画"。

留白是发展，是给予幼儿充分的空间，不要求幼儿活动之后马上就能接受和内化、运用和表达，而是让幼儿在自主的时间、空间、材料、游戏过程中慢慢发展。

三、主题反思

在"多莉，去哪儿了"美诉主题的开展中我们主要关注幼儿用"美术"的方式进行表达和表现。为此，作为一个艺术领域的主题活动，我们遵循艺术教育的宗旨，欣赏美、感受美，表达美、表现美的原则，在主题安排上我们重视幼儿对海洋生物尤其是鱼类情感的培养；重视在体验的过程中对鱼类形态、颜色、种类等经验的获得，在美术层面关注一定的技能发展和技能支持。由此在主题安排上我们主要分为两大块。

第一块，是了解孩子对海洋生物的已有经验，并用多元化方式丰富孩子对鱼类的认识经验。在这个过程中我们充分利用了家长资源，通过"我最喜欢的鱼"亲子调查表了解幼儿已有经验，还通过让家长带孩子去参观水族馆、饲养热带鱼，增加对鱼类的情感以及丰富相关经验。此外，我们还充分利用多媒体设备和资源，如播放海洋世界的科普片，让孩子们更加直观、丰富地感知海洋世界。

第二块，在获得充分地感知和体验后我们进入了"多元表现"的阶段，这个阶段我们主要分为"线条篇""色彩篇""综合表现"篇，每一个篇章都有其侧重点。如"线条篇"侧重于利用线条和图形造型,"色彩篇"侧重于色彩表现。但是,在实际开展中我们发现孩子们的表现不是单一维度的。线条表现时候往往会融入色彩,而色彩也是建立在线条的基础上,这本身就是一个综合表现的过程。所以后面我们做了调整,分为"奇形怪状的朋友""五颜六色的朋友"两个篇章。孩子们可以根据自己的喜好进行表现,不再像之前那样受局限。我们也发现通过这样的调整,孩子们更愿意画了,画面也更加丰富了。

除此之外在这个主题开展的过程中我们非常注重区域活动的跟进。我们将原先的涂鸦区进行重新调整,设置"桌面涂鸦""色彩涂鸦""组合涂鸦"活动区。孩子们可以根据自己的需要选择喜欢的涂鸦区开展活动,让他们可以"想画就画",满足了绘画的要求。

在这个主题的开展中,无论是老师还是孩子都有很大的收获。

孩子们的收获:爱上了画画。在美诉主题开展过程中孩子们最大的改变是爱上了画画。以往我们看到参与涂鸦区活动的常常就是这么几个孩子,但是现在我们发现越来越多的孩子愿意到涂鸦区去画画了。自主活动时间、午饭后、点心后,甚至下午离园前都有孩子到涂鸦区去画画。

老师们的收获:在"多莉,去哪儿了"涂鸦主题开展的过程中,我们时常看到老师忙碌的身影,一会儿在准备上课的材料,一会儿围在一起研讨交流,一会在创设主题……在主题开展的过程中老师和孩子们一起学习、思考、成长。现在,老师们对于"美诉"主题有了更加深刻的理解,知道"美诉"不只是以"美术"的方式去表达,而是通过美好事物去表达;知道"一百个孩子一百种表达",能够以更加包容、开放的眼光去发现、欣赏孩子……

四、美诉课程实践成效

美诉课程的主要成效是深化美术教育对人全面发展的价值体系。尊重以幼儿为主体的学习,突出美术教育的真实性,从真实的体验到发现真实的需求,到进行真实的表达,再到教师给孩子以真实的发展支持,帮助幼儿巩固认知、提升审美、促进交往。

（一）教师的教育行为发生了根本性的转变

1. 改"教授"为"引导"，尊重幼儿自主发展

教师很好地调整了自身原有的"经验霸主"的心态，从掌控者退位到引导者和推动者。这既是一种思想观念的根本性改变，也带动了教师教育行为的改进。其具体体现在：

（1）从告知经验到提供操作探究机会。相对于幼儿的经验储备，老师自然是稳坐经验霸主的交椅，而往往我们也经常不自觉地以这种"霸主"的身份，将自己的经验直接告知给孩子，使孩子们被动接受间接经验而错失许多感知、探究和思考的机会。在这一行为的调整上，我们的成效是巨大的。比如大班方案活动"树屋"中，孩子们要造一个可以进入玩耍的瓶子树，那么到底需要多少瓶子才够用呢？老师没有按照自己的计算方法把数量直接告诉他们，而是让他们自己去尝试。第一天孩子们带来了 100 个瓶子，可是穿起来后，只能铺很小一块面积，第二天大家又带来了 300 多个，觉得这下子肯定够了。穿好后，还有许多空白。于是孩子们比划了一下空白地方的大小，觉得和已经做好的地方大小差不多，由此推断出"再拿和上次的数量一样就应该够了"的结论。接下来大家又收集了约 400 个瓶子，最后终于完成了瓶子树屋的建造。在这个探究过程中，比较、推理、判断的思维过程轨迹充分满足了幼儿自主发展的需求。

（2）从一手包办到等待安全犯错、改错。曾经我们是那么地担心孩子出错，所以恨不得自己有三头六臂，但凡可能发生的错误我们都给包办代替解决好了。美诉课程实施过程中，老师们学会了耐心等待，不过早介入幼儿的学习，在安全范围内允许他们出错。同时观察、引导并支持他们自己改正错误，在这个犯错改错的过程中，自主学习品质进一步得到发展。

（3）从发号施令到参与小组互助决策。这是对幼儿尊重和信任的具体表现。把他们当作具有独立思考能力的人看待，教师理念就从"你照我说的去做"转化为"我想听听你们有什么好的建议"。教师行为也相应地从"分配任务"转化为"参与讨论和共同决策"。放手让孩子们自主讨论和决策，教师观察与适时指导，为幼儿发展提供鹰架支持，助推幼儿高质量地自主学习与发展。

2. 改"多说"为"多听"，凸显幼儿主体地位

强调教师多说，是以教师为主体的教育方式，教师说幼儿听，完成经验的被动接受。人们习惯性地认为：只要教师说得多，幼儿肯定会学得多，但并不知道幼儿真正掌握并内化到自身认知框架中的有多少。事实上，许多案例说明幼儿学习的效果并非与教师说的多少呈正相关，而是与幼儿在真实探索为基础下的真实体验息息相关，与他们由真实体验而产生的学习动机、学习兴趣、学习方法等密切相连。从教师多说幼儿多听，到幼儿多说教师多听，显示的是教育理念和教育行为的根本性改变，真正将幼儿作为学习主体，倾听他们的学习需求、过程描述、困难倾诉，了解他们的认知、情感和交往等发展状态，并从真实需要出发，给他们提供适宜支持，促进幼儿自主发展。

3. 改"讲评"为"互评"，提升自身专业水平

从教师一言堂的作品或者事件讲评，到教师有目地组织下的幼儿自评、同伴互评，关注的不再仅仅是作品效果、美术技能或者事件的对错，更需要从幼儿心理学、美学等多种角度出发，探究作品内容背后隐藏的不易被人发现的"秘密"，或者事件背后的因果关系和幼儿发展契机，由此获得对幼儿更为深入和真实的了解，也促进了更有针对性的支持。

(二)幼儿的学习品质获得了重要的提升

1. 在探究学习中更为自信

幼儿对于艺术的看法是与成人不同的，艺术对于他们来说首先是一种自我表现的方式。但许多成人并不这么想，他们在幼儿开始涂鸦时，就希望能看到合乎成人观念的构图、比例、色彩等，认为只有符合这样的要求才是艺术的。而成人要的"艺术"，孩子们理解不了，也画不出来。由于达不到成人的期望值而感到沮丧，容易失去自信而停止创造，这种自信心的丧失严重妨碍了幼儿发展。在美诉课程实施过程中，因为我们强调尊重和自主，并提供大量的材料供幼儿体验和探究，极为符合幼儿年龄特点和学习心理。他们在与材料的互动中孜孜不倦，乐于探究；他们能根据自己的经验和对材料的把握创造出一个个的独特设计，而获得众人的夸赞；他们能在碰到困难后，通过自己想办法尝试着解决问题而获得同伴的认可；他们

能够"像大人一样",为了完成一个共同的目标进行小组分工与合作,而最终能够达成所愿,让自己引以为豪……孩子们善用探究学习,自信心得到了极大增强,对周围事物充满好奇,总是在愉悦的情绪下积极参与活动,充分体现其主动性。

2. 在兴趣支持下更能坚持

兴趣是最好的老师,对于无意注意占优势发展的幼儿来说更是如此。由兴趣出发而萌发的内在学习动机,让学习行为更为主动、学习状态更为专注、学习过程更为持久、遇到困难更能坚持。大三班主题"hello,树先生"中(见图 1-6),孩子们突发奇想,想要做一棵可以玩的大树,树下有一个大大的树屋,他们于 4 月份开始了自己的行动。从策划讨论树屋的类型开始,到商量收集材料,再到制作,最后达到可以玩耍的树屋状态,整整花了两个月的时间,期

图 1-6　hello 树先生

间遇到了许多困难:树干用什么做?瓶子做的树干,能牢固吗?能爬上去吗?用轮胎做树洞的话,放在哪里才能安全又不挡道呢?怎样把树叶做成逼真的样子?许愿树上用什么悬挂我们的心愿呢?怎样装饰树屋才能更好玩?把我们的树屋开放到"快乐星期五"的打通活动中去,可以赚游戏币吗等等。尽管问题一个接着一个,但是孩子们依旧保持原有的热情,或讨论自己解决、或请教老师帮助、或邀请家长支持,一个个地把问题都解决好,当树屋的雏形完成时,孩子们欢呼雀跃,但随即又马上投入到"树屋边上有什么"的环节中去,继续完善和创造那个他们想要的美丽又好玩的树屋。

3. 在自主氛围中充满想象

虽说想象力自由无约束,但其实它是有条件限制的,封闭禁锢的思想迸发不出想象的火花,只有在真正自主氛围下的解放头脑,才有可能让想象插上翅膀飞翔。幼儿是天生的艺术家,他们在自主的环境下,用语言、图画、造型等表达他们的创造和想象,或写实、或通感、或天马行空。拉拉说:

"春风太调皮了。"潇潇说:"春雨落下来,是五颜六色的。"还有人说:"春风从我的手指缝里溜走了""粗粗的线说明雨已经下得很大了"……他们用树叶做小鱼;用纸盘制作小型水族箱,用人体做美人鱼模特,他们在思考、探索、想象中得到满足和发展。(见图1-7、1-8、1-9)

(三)校园文化的积淀和形成

1. 环境文化的显性特征

艺术氛围浓厚的公共空间,方便操作、充满自主与想象的班级环境,能充分互动、展示自我的区域场所……形成了"静美、艺术和开放"的环境文化特色。近两年慕名而来参观环境的同行达到七十余次近五千人,获得广

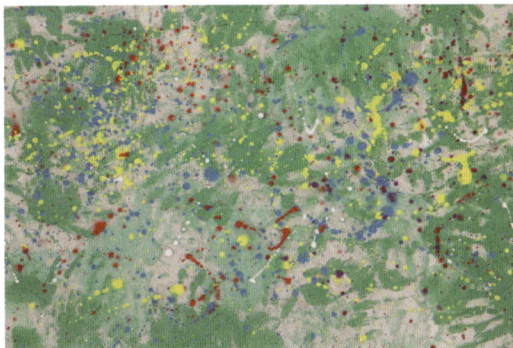

图1-7 春雨落下来是五颜六色的

图1-8 用树叶做小鱼

29

图 1-9 粗粗的线是雨下得很大了

泛好评。

2. 节日文化的逐渐沉淀

基于美诉课程的实施,在教师预设和孩子们的提议中,逐渐产生了一些为孩子们所喜爱的约定俗成的活动,比如一年一度的"六月涂鸦节",是全园幼儿的盛会,节日当天,孩子们会盛装出席,自主参与各种涂鸦活动和游戏,尽情地泼洒想象与创造的笔墨,表达和表现自己。再如一学期一次的主题画展,以年级为单位展开,每个人的作品都能出现在展览上。又如"闻幼小画家推介""一句话涂鸦故事会"等活动在班级和全园不定期开展,都成为孩子们美好的期待。

3. 思想文化的梯度升华

课程是群体价值观的集中体现,在美诉课程开展过程中,我们团队对其的理解、创新和改进在思考与实践中梯度升华,在思想观念、教育行为的目标设定上达成共识。以充分感知为基础、以多元表达为目标的审美教育思想已经深植于团队每个成员的心中。

30

美,是一种生活体验;

美,是一种情感态度;

美,是一种精神追求;

美,是一种独特创造。

我们在美诉课程中,培养幼儿对美的事物有感知、辨认、欣赏和表达的能力。也关注和推动幼儿主动探究、坚持专注、合作分享等学习品质,期待我们的孩子能成为人格与审美全面发展的新一代社会人。

五月的牡丹亭,处处绽放雍容华贵的牡丹,是一种美;经历了严寒的摧毁又在春天萌发勃勃生机的小草,是一种美;夏日残败的荷花,枯叶奄拉在如镜的水面上,是一种美;屋顶瓦楞里靠着一丁点泥土不断开枝散叶的植物,是一种美;晨光中,耄耋老人依偎着坐在湖边的石椅上,是一种美;烈日下,黄毛小儿玩得满脸泥巴汗水,也是一种美……美,是一切使人感到心情愉悦的人或者事物。

第二章 材料探索中的感知

本章导读

　　材料,是孩子们的恩物,是他们探索世界、与周围建立紧密联系的重要媒介,不管哪一种材料,在被孩子们摆弄操作的过程中,都发挥着不同寻常的作用,体现着不同的教育功能。本章将以孩子们最喜爱的美术活动为例,通过孩子们对材料的选择、组合、搬动、特性改变等探索,可以看到,材料探究的过程就是一个孩子们持续成长的过程:他们不断了解材料的特性,也获得了自身动作的发展、认知的强化、经验的积累,同时也促进了专注、合作、分享、解决问题等学习品质的形成。

美诉课程中,我们经常会用到各种各样的材料,以顺应幼儿思维发展具象性的特点,满足他们在操作中获得感知的学习要求。因此,对材料的重要性及其在教学过程中地位的认识将会直接影响我们的教育行为方向。如果把材料仅仅看做表达的工具,那我们往往会更关注对幼儿作品"画面效果"的追求,而忽略对幼儿年龄特点和美术发展特点的解读,让表达成为一种程序式的"套路",而非孩子们的真实感受;但如果把材料看做一个能与孩子产生互动的对象,那么,材料既是学习工具,又是学习伙伴,还是学习结果。我们将发现,孩子们的进步是惊人的。

"鱼",众不同。

我们从中班主题活动"鱼"开始,进入我们关于材料探究的主题。

在这个活动中,提供给孩子的主要材料有铅画纸、彩纸、硬纸板、水彩笔、炫彩棒、水粉笔、颜料、超轻泥,辅料有绒毛球和活动眼睛。集体活动之前,孩子们一起通过多种途径,对海洋鱼类的名称、外形特点、身体构造等有了初步的了解,对圆形、三角形等基础形状有了一定的表达经验。

观察孩子们对于材料的选择和使用,是一件很有趣的事情。有的孩子第一眼看到什么材料,就直接拿来用。用的过程中有不会用的、用得不顺手的或者自己觉得没有达到预想效果的,再去看看别人的,增加一些其他材料,或者索性放弃另另选。有的孩子对材料的选择是有目的、有要求的,他们一般会东看看西看看,有的还要试着玩一下,然后把自己需要的材料都搜罗起来放在桌子上,才开始工作……我们先来欣赏一些孩子们利用提供的材料所创作的作品。(见图 2-1～图 2-10)

图 2-1　水彩笔作品

图 2-2　水彩颜料作品

图2-3　KT板与炫彩棒结合作品

图2-4　超轻黏土与画纸结合作品

图2-5　泡沫板与广告画颜料作品

图2-6　超轻黏土作品

图2-7　炫彩棒与铅画纸作品

图2-8　硬纸板与超轻泥作品

图 2-9　PVC 管与广告画颜料组品

图 2-10　广告画作品

透过孩子们的作品，我们不难发现，同一个美术主题活动中，不同材料刺激下作品表达呈现显著的差异性。而且，在同一材料的运用中，孩子们同样可以做到个性化的表现。是什么样的原因促成这种现象？材料的提供与刺激，和幼儿的发展与作品之间的关系到底如何厘清？怎样的材料提供才能满足不同幼儿不同阶段发展的需求？带着诸多的思考，让我们一起探究材料，发现幼儿。

一、材料是有个性的

哈佛大学艺术心理学教授鲁道夫·阿恩海姆①认为，"艺术活动所用的材料和工具也有鲜明的个性"。材料作为艺术表达的重要媒介，其本身就具有表达、表现的特性及特点。如同每个幼儿的个体，"长相"不同，"个性"不同。材料的"长相"即我们所见的物象：一张纸、一块石头、一根树枝、一块轻泥……材料的"个性"即它们的质地：有软、硬、光、滑、粗糙、细腻等。每种材料由内及外的不同特质使得它们各自赋有独特的妙用。

对于极具创造与想象力的孩子们来说，看看、闻闻、摸摸、捏捏、弯弯、折折，调动各种感官探究这些材料本身就充满了乐趣。比如，在深秋时节，带着孩子们捡落叶、找枯枝，在寻找落叶的过程中，孩子们发现原来树叶有红、橙、黄、绿、咖啡等这么多色彩，甚至在同一片树叶上会有渐变色的呈现；在寻找枯枝时他们已然开始想象各种"造型"，这个像叉子、那个像竹节

①　哈佛大学艺术心理学名誉教授，在其著作《对美术教学的意见》一书中提出"艺术材料有个性"这一观点，提倡艺术活动和工具在美术活动中的重要性。

虫,还有的长得像一个巧克力棒！连枯枝表面的"皮肤"居然也是各不相同的……多么有趣。

材料的不同特点与个性体现在艺术作品中就形成了各具特色的艺术品。不同材料都有其适宜的使用方法,同一种材料使用方法的因人而异又产生富有个性的作品。鲁道夫·阿恩海姆认为,"在艺术材料中,首先区别的是可接触的与不可接触的"。他举例:就"光"而言,是纯粹的视觉现象,却可以被建筑师用来表现空间或被舞台设计师用来营造情境;同一个被创作对象,由一位雕塑家用石头或木头来创作,与一位画家用画布或画纸来创作,所得的作品自然是不一样的。这些都说明,不同材料本身对于艺术创作的直接影响,而不同人运用同样的材料也能产生差异。

就拿材料本身来说,水彩具有流动和融合的性质,这种特质让水彩显现于画纸上时就容易产生晕染、渐变的变化,所以我们会发现利用水彩表现水、云这种同样具有流动性的物体时就显得容易和适宜。但是这种效果常常具有偶然性,在使用时往往不易把控水彩的相溶特点,较难达到预期的绘画效果。相比之下,广告画颜料就更具有厚重的质感,比较容易控制。在使用相对稳定的广告画颜料时,就比较容易手眼协调一致地进行涂画。再如,同样使用油画棒这个材料媒介进行绘画,有的线条粗犷硬朗,有的线条纤细柔和,同样画一幅草地却能产生截然不同的画面效果,这是由于在个性特点、肌肉发展、动作协调能力等方面存在差异性而产生不同的作品效果。

二、幼儿是有特点的[①]

在幼儿发展的不同阶段中,其肌肉运动、想象力、思考力以及心理发展均呈现不同的典型性特征。映射于美术活动中,我们就能明显感受到孩子在小班、中班、大班三个阶段所创作的美术作品的差异性,同样,我们也能感受到他们在不同时期显著的美术特点。这种共性特征是伴随着孩子们的年龄特点而来,与他们的动作发展、心智成长、情绪情感表达有着密不可分的关联。在绘画中,我们亦可从对材料、工具的使用能力发现其变化过

---

① 此特点指幼儿在动作、心智、情感等能力在美术活动中的体现特点,即幼儿美术能力发展。

程。了解在不同时期的发展特点,将更加有助于我们理解他们美术行为和作品表达。

1. 了解孩子涂鸦期的特点

2～4岁为幼儿涂鸦阶段,也是自我表现的第一阶段。这一阶段的幼儿绘画过程中表现为随意性大,线条歪歪扭扭用力不均,并且对于圆形等形状很难把握。这些现象形成的原因是小班阶段手部肌肉协调性弱,动作控制能力欠缺。这种动作发展的特点在生活的其他方面亦有体现,比如吃饭时桌面、地面、衣服上总是散落饭菜,穿衣服时扣纽扣有困难等。美国美术教育家罗恩菲德(V. Lowenfeld)[①]在其研究中发现:"肌肉的协调是幼儿在这一年龄中最重要的成就之一,这阶段的幼儿,除了在纸上涂涂抹抹外,通常没有其他的创作意图,他所有的满足,均源自于肌肉运动感觉和对他的熟练。"

先来了解一下罗恩菲德对幼儿涂鸦期发展的四个阶段,以及我们可以采取不同的材料方法提供支持:

2. "没有区别的涂鸦"

宝宝的涂鸦随意且动作缺乏控制,正如图2-11中的宝宝在家里的涂鸦墙上随意涂画,他们通过这种随意的涂鸦来发现自己的动作和纸上的痕迹之间有关联,所以会经常沉浸于画笔画出的痕迹,常会重复某种线条动作,以此满足手臂肌肉练习的无意识目的。这个阶段的孩子一般年龄为3岁之前,父母们常会发现自家宝宝特别爱拿着蜡笔到处画,也常常因为桌上、地板上、墙上都经常会留有他们的大作痕迹而觉得烦恼,其实宝宝不是调皮捣乱,只是他们非常满足于大肌肉运动下,画笔在物体上留下的痕迹,以及自己的动作与痕迹之间的关联而已。所以父母们在家可以为宝宝提供蜡笔、大一些的纸张,甚至黑板墙等材料,让他们自由涂画,体验和感知身体运动与材料、空间的关系。

---

① 罗恩菲德(V. Lowenfeld),美国美术教育家,他认为幼儿美术是幼儿心智成长的反映,他根据幼儿心智发展阶段,将2～13岁幼儿美术能力发展分为涂鸦阶段、样式化前阶段、样式化阶段、党群年龄和拟似写实阶段。其美术教育观点被广泛运用于当代幼儿美术教学中。本文中对幼儿美术能力发展的理论论述部分借鉴参考其著作《创造与心智的成长》(*Creative and Mental Growth*)。

图 2-11　宝宝在家的涂鸦活动

3. "有控制的涂鸦"

在幼儿涂鸦过程中反复某一动作时即表示他们发现了以视觉来控制动作。这一发现可以让他们欣喜不已并且反复尝试,这也是成人介入引导的重要时期,可以要求幼儿做需要肌肉协调的动作。肌肉的协调是这一时期幼儿的重要成就之一,通过对肌肉运动的感觉和熟练使得他们获得自信和满足感。这一阶段的孩子经常因为能够圆满完成一个任务而非常高兴,比如将苹果的颜色涂得均匀,能够控制得很好地给娃娃画上几根头发等,此时孩子们一般到了 3 岁以上,我们对于材料的提供仍要体积略大一些,容易拿捏一些的。

4. "圆圈的涂鸦"

圆形的线条是幼儿经过不断重复后出现的更复杂的肌肉动作的结果,需要用整只手臂涂鸦,幼儿获得的乐趣和刺激也会更加深刻。在圆圈涂鸦时幼儿会连续不断地重复一个动作,从而使得他们的画面呈现出螺旋线一类的特点,这种圆圈重复的过程是探索肌肉运动的过程。(见图 2-12、2-13)

5. "涂鸦命名"

当幼儿将自己的涂鸦内容作为一个故事或者一个物品进行述说时,这表明他们已进入"涂鸦命名"阶段。这一阶段对涂鸦期幼儿来说具有里程碑的意义,因为由此开始,他们从单纯的肌肉运动转变到图画的想象思考,是将想象与现实、涂画与表达进行连接的新的思考方式。

图 2-12　涂鸦期短线重复及涂鸦命名

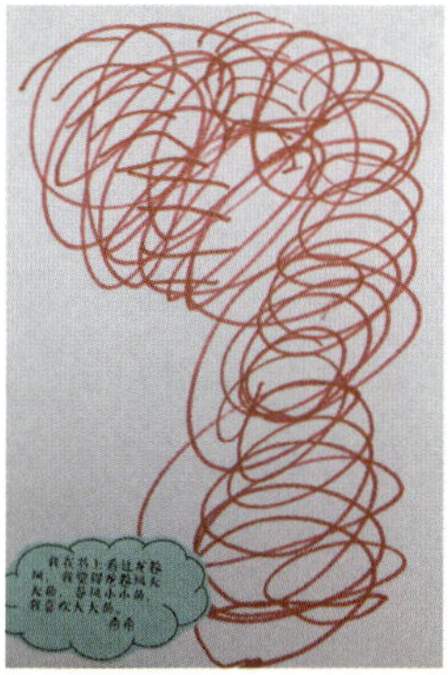

图 2-13　圆圈的重复及涂鸦命名

6. 他们表现自己认为最重要的

罗恩菲德在其研究中发现,4～7 岁时期的孩子处于"样式化前阶段",也是幼儿"首次的表现尝试"。在这一阶段中,幼儿从涂鸦期开始过渡到"有意义的创造形体"。这些变化表明,幼儿的手部肌肉协调动作得以发展,他们透过控制手及手臂的动作来控制线条,而不再是通过感知手部的动作而重复线条的随意涂鸦。我们可以看到幼儿到中班后对"人"的显著绘画特征:圆形表示人的头部,四肢则用直线表达,甚至用直线的不同方向表示人的动作。圆圈动作和纵横线动作的变化关系让他们获得快乐。因此,我们常常可以在中班上学期幼儿作品中,看到许多类似的"人",但其动作细节却不同,当我们提问画面内容时,幼儿可以兴奋地讲出每一个人的动作甚至画面人物的情绪。但是,对于样式化前阶段时期,幼儿在画面中更关注自己感兴趣或十分想要表达的内容,而忽略其他认为不重要的因素。这也是为什么我们经常会看到幼儿画的"人"缺胳膊少腿,或者根本就不画耳朵和头发,这是因为他们所要表现的只是他们认为最重要的部分。例如,一位儿童画自己在拍球,他的画面中会将自己的"手"画得特别大,而忽略脚或者耳朵的部分。因为手和拍球之间的关系更强烈,他所关注的是动作与表达之间的关系。

7. 他们表现自己所想到的

在样式化前阶段中,孩子们开始利用圆形、三角形、方形等几何图形表现具体的事物。比如,圆形表现足球,方形表示房子等,这种图形和线条被用来表达具体事物时就是"象征符号"。另外,空间关系在这一阶段开始出现,但还不能清楚地理解和表现于画面中。例如,他们的画面中,天空会出现轮船,飞机会在人的旁边而不是在天空,汽车出现在人物头顶等现象。这表明在绘画时能够联系自身的生活经验而表达不同空间的内容,但是他们并不会在意空间的关系,在绘画过程中只是表现他们所想。(见图 2-14、2-15)

图 2-14 画面中被强调的头和被忽略手、脚　　图 2-15 没有空间秩序的飞机和自己

三、在材料探索中满足发展

皮亚杰的认知发展观指出,"幼儿的发展是一种建构的过程,是在个体与环境的不断相互作用中实现的。"不同年龄在认知、情感、社会、动作、心理等方面的发展皆具有相适应匹配的阶段性,即幼儿的"年龄特点"。《3~6 岁幼儿学习与发展指南》中建议"提供丰富的便于取放的材料、工具或物品,支持进行自主绘画、手工等活动"。在了解幼儿不同时期发展特点的基础上,对于材料的考虑必须是谨慎的。以往,我们会遵从这样的教育原则:"让幼儿有充分的艺术材料和体验,他才能发现自己的表现手法。"固然,这种思考是建立在幼儿充分探究和体验的基础上,也是当下我们所提倡的教育理念,但是另一个问题也随之而来,在充分的体验与探究过程中,幼儿不

能判断哪些材料是有助于他的表现,哪些材料又会妨碍他的表现。如同罗恩菲德所说:我们对与材料的观点就如同对于幼儿饮食健康一样,我们不会让小孩尝试许多未经选择的食物,通过不断试吃来发现哪些食物对他的身体成长最为有益。遵循幼儿发展的理念,就如同我们要在了解食材营养搭配的基础上给孩子提供食物一般,我们要努力让材料的"个性"适宜地服务于幼儿的"特点",让材料这一作为表现和表达的重要媒介物,真正成为我们满足幼儿发展的重要途径。

(一)材料内容因年龄而异

1. 小班:动作型材料

小班幼儿处于涂鸦期,以感受手部动作重复产生的线条痕迹快感为目的,所以,我们准备的材料要满足幼儿肌肉练习的运动需要,以油画棒这种能够留下痕迹又易于抓握的工具为主。另外,投放不超过三种色彩的颜料进行手指画,让孩子通过直接的手指感触来作画也是将会令他们充分感知肌肉运动与线条痕迹的关系,并很好地进行肌肉练习的方式,使孩子们从中体会快乐。除了油画棒和手指画两种材料的提供之外,橡皮泥这种材料提供给另一种练习手指肌肉的可能。不同于油画棒画和手指画,橡皮泥的可塑性特点可以让孩子在肌肉练习中产生一种立体感,可以在拍、打、捏、揉的动作过程中帮助小班幼儿积累三维空间的经验。

但是同样具有塑性效果的超轻黏土是不适合在小班投放的。因为它软、粘、不易控制的特点,会影响肌肉运动和协调动作的练习,在手部肌肉未能达到"捻"这样的精细动作时,超轻泥的探究会让他们难以完成预期的想象,结果往往是"一团乱"。而教师如果没有足够了解幼儿手部动作发展的特点,也容易对幼儿的创作和探究认为是"破坏"行为,从而形成美术能力的负面影响。

此外,小班年龄段幼儿使用软毛笔的能力有限,水彩这种易于流淌和融化性的材料也不适合在小班作探究,所以应尽可能少地用软毛笔和水粉颜料进行绘画,因为那样做只能带给幼儿失控和挫败感。

还要关注对象材料。例如,为他们提供的是油画棒,则需要提供白色画纸;若提供的是颜料,则可以根据颜料的色系、创作背景等提供适宜的底色纸。在纸张的尺寸上不能过大或过小。过大的纸张影响重复肌肉动作的质量,过小的纸张则不能满足下臂甚至整只手臂运动的需要。

需要强调的是,小班幼儿在涂鸦的过程中教师尽量不给予好或坏的评价,也不能冒然介入。要尽可能仔细观察幼儿涂鸦的动作以及他们的需求,倾听他们的"涂鸦命名"。

2. 中班:感知型材料

工具性:

相对小班时期肌肉动作练习需要提供油画棒、画纸为主要材料而言,广告画材料因其较为浓稠和易于表现的特性,在中班使用能够较好地满足幼儿表现自我以及与事物关系的需要,在纸张的提供上可以选择 8K 大小的具有一定吸水性的铅画纸较为适宜。另外,除了橡皮泥外,超轻黏土的提供可以作为辅助材料使用。

刺激性:

在中班时期,幼儿的感知能力、手部动作以及心智进一步发展,在表现物体时有了"象征符号"的运用,能尝试控制自己的手部动作,手眼协调地利用简单几何图形表达。这一时期的作品开始表现自己与事物之间的关系,他们的画面实际上体现的是一种感知关系。所以,在这一阶段对材料的感知过程和经验显得尤为重要。例如,一位中班的男孩十分喜欢"大白"的玩具,每天都带着"大白"上园,在他的画面中,无论什么主题都可以见到"大白"的身影出现在画面中。所以,对幼儿刺激越强烈,关系越紧密、感知越深刻的材料越能乐于被表达。

经验性:

在提供材料之前我们首先需要引导回忆与画面表达内容之间的关系,或者建构这种关系,即经验唤醒。例如在进行鱼类有关的主题时,先请家长带孩子去水族馆观察或在家中养鱼,观看与海洋有关的纪录片等等。在创作"妈妈"之前让孩子了解妈妈的爱好、衣着特点等,在此过程中,感知着孩子所要表现的事物,以及自己和表现对象之间的关系,有利于其在进行画面表现时能激发更多的符号表征的运用。

罗恩菲德曾在他的一次实践中验证这种关系的重要性:他在一次幼儿作画时看到,幼儿只画一条线来作为"嘴"的表现,于是故意在口袋里装一

袋糖果,让糖果在袋子里哗啦作响后他提问:

"我的袋子里有什么?"

"糖果。"

"你想它是硬的还是软的?"

从响声推断是硬的。

当每人都吃到糖果后他又说:"你们可以咬咬糖果来发现它有多硬。"每个人都把糖果用力咬得碎碎的。在有了这样一次经历后,他让孩子们画"吃糖果",结果每个孩子都在"嘴"的表现中画了"牙齿"。所以,中班幼儿的创作材料不局限于使用画笔、画纸发展肌肉协调动作,材料还作为一种关系建构的刺激物,会有更多的可能性和广泛性。老师可以根据作画主题的不同,提前投放相关的实物或图片让学生探究与体验,创造形成关系刺激的环境。

3. 大班:创作型材料

大班时期的手眼协调能力、手部动作控制能力和感知力进一步加强,他们开始有能力去关注和表现"细节"部分,所以,在画纸上选用大纸更加适宜,在情况允许的范围内 8K、4K 的纸张都能够给予更多表现细节的空间。由于手部精细动作的逐步完善,可以加入铅笔、水笔这类能够表现精细线条的笔以满足多种线条运用的需求。

由于基底线、X 光画面等这种对空间表达形式的出现,表现手段更加丰富,另外,在材料上还要提供能满足空间和内部构造关系探究的物质,如:黏土,玉米魔法粒、纸箱等。

另外,不断地重复让绘画出现样式化的特征,因此,重复不仅体现在小班时期对肌肉练习的动作需要,同样在大班时期仍具有这一特点,只不过这一时期的重复不再只仅仅是肌肉练习。经由重复,形成对人物、色彩的样式化,并出现"设计"的萌芽。所以,在材料的提供上我们要充分考虑满足幼儿"重复"的需求;如在颜料上提供丰富的色彩,纸张材料选择上除了铅画纸外,还可以有多种质地的纸张。

(二)材料使用因需而异

"幼儿所用的任何技巧必须适合他们的需要,所使用的媒介应该适合自由的运作,而不会产生技巧困难的干扰。"①因此,对于材料这一媒介的运用需要适宜的策略给以引导和支持。根据幼儿在不同阶段的发展特点,我们所提供的媒介也必须是与之相匹配的。比如,小班幼儿多以肌肉运动的感知、练习为主,在材料的投放中我们要尽可能避免对他们这种练习产生干扰的媒介。"能够用绘画、捏泥、手工等多种方式表现自己的所见所想,能用多种工具、材料或不同的表现手法表达自己的感受和想象。"②因此,在表达与表现的过程中,老师要充分通过材料使用的支持策略,引导以个体自主、小组合作、集体创作等多种形式,体验材料运用的多种方式和可能,鼓励孩子们多元表达自己的感受和想象。

单一材料的运用

单一材料是指只运用一种材质,或者同一类别的材料进行表达表现。这种材料的优势在于准备简单,便于收拾,特别适合人数较多的集体活动使用。虽然在材料的类别上简单,但如果运用得当、刺激适宜,同样能够很好地促进幼儿的发展。

比如,表达自己对"海洋生物"的经验,我们提供的材料就是一种轻泥,但是孩子们的作品是丰富多彩的。(见图 2-16～图 2-19)

图 2-16 鲨鱼

图 2-17 翻车鱼和小丑鱼

① 罗恩菲德. 创造与心智的成长.
② 国家教育部.3～6岁儿童学习与发展指南.2012.10.

图 2-18 珊瑚

图 2-19 海星

1. 复合材料的运用

复合材料是指利用两种或两种以上不同类型的材料进行创作,但一般不超过 4 种。复合材料带来的材料刺激更加强烈,对幼儿的动作发展亦有更高要求。在材料运用的同时可以引导尝试合作创作。

案例 1:有趣的吹画

我们提供的材料有滴管、颜料、铅画纸,孩子们开始操作了。(见图 2-20、2-21)

图 2-20 滴上颜料后用嘴吹画

图 2-21 利用吸管控制气息吹画

在第一步完成后老师提供了记号笔,孩子们进行了添画。(见图 2-22 ～图 2-25)

图 2-22 添画后作品"小猴子"

图 2-23 添画后作品"我旁边有棵树开花了"

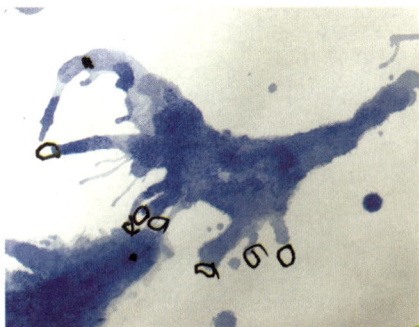

图 2-24 添画后作品"食蚁兽"

图 2-25 添画后作品"我在海底看见了海星"

2. 多元材料的组合运用

多元材料是指在创作过程中运用四种以上且不同类型质地的材料。这些材料可以为创作提供更加广阔的条件刺激,可以激发孩子学生不断产生新的表现方式,多运用于小组合作中。

对于各式各样的木头,孩子们总是充满了好奇,尽管他们还不具有精细切割木头的技能,但是对于木头与其他材料的组合创造,却是相当有兴趣。我们准备的是各种形状的原木、超轻黏土以及可以活动的"眼睛"。

案例2：木头小动物（见图2-26、2-27）

图2-26　两人自主合作"大象"

图2-27　作品展示

用报纸和颜料，孩子们就可以来做一棵仙人掌树。（见图2-28、2-29）

图2-28　"仙人掌树"制作过程

图2-29　作品呈现

案例3："多莉，去哪儿了"的水族馆

主题活动后期，孩子们期待能在园里也有一个"水族馆"，在接收到这样的信息后，老师们通过方案教学的方式给予了引导和支持。

什么材料做水族箱合适？

首先，引导孩子们讨论"先做一个水族箱"的方案。在讨论的过程中我们发现，孩子们在和同伴的交流中正在学会学习、商量、妥协、坚持，甚至权衡等各种社会交往技能，这些技能的综合运用才能让"讨论"这件事继续下去。接着,是尝试各种材料的可能性的阶段。实际上这也是孩子们"试错"的重要过程。通过尝试,他们发现家里有的和市场上能买到的玻璃鱼缸都不够大,不是他们想要的"水族箱"。大家讨论设计出来的"图纸"上很漂亮的花朵型鱼缸,如果用玻璃材质则没法做,如果换成可以拼搭的纸箱替代玻璃缸又会太黑暗,不像鱼缸了。最终通过六次尝试、调整、重新设计,孩子们和老师发现用纸箱镂空再刷成海洋的颜色可以做出"鱼缸"的效果,并排的鱼缸陈列就可以有水族馆的初步视感。

用什么材料做鱼更生动?

然后,是往"水族馆"放"鱼"的阶段。这个过程对孩子们来说同样富有挑战。因为画在纸上的鱼只能剪贴,不能让鱼儿们产生立体的效果,轻轻、扁扁的样子实在不够生动。孩子们开始想办法,老师们跟进提供材料。通过对纸张、纸板、橡皮泥、黏土等多种材料的反复尝试,孩子们发现轻泥最适合,可以直接捏出来,等风干后就是立体的小鱼,也可以用轻泥做在纸上,还可以把 KT 板和纸板画好小鱼裁割下来也能做出立体的小鱼来。

什么材料可以让鱼游动?

最后,怎样让"小鱼游动"的效果呈现更是考验孩子们和老师的脑洞,幸运的是他们从一个小朋友的玩具中得到灵感启发,在纸箱上做可移动的拉线固定就把难题解决了。

"水族箱"创想和制作过程看似在涂涂画画、聊聊、做做的表象背后,实则发展了幼儿感知、交往、审美、创造等多方面的能力。

合作创作表现过程:(见图 2-30～图 2-35)

图 2-30　商讨水族馆计划　　　　图 2-31　寻找适宜材料

图 2-32　合作涂色

图 2-33　将作品悬挂

图 2-34　逐步丰富内容

图 2-35　师幼共同欣赏"水族馆"

（三）平衡处理材料使用与作品效果之间的关系

在教学过程中，我们常有这样的现实感受：孩子的作品本来效果挺好，可是一不留神他的一个动作或者新材料的加入就会破坏原有的美感，由于美术作品的偶然性以及不可复制的特点，常常让老师们感到惋惜。分析这种现象的背后原因，一方面是由于幼儿的年龄特点所致，他们对自己作品的效果毫不在意，继续涂画背后原因是幼儿在绘画过程中对手部大肌肉、小肌肉的活动非常感兴趣，这种兴趣甚至超越他们对作品本身的关注。另一方面的原因还与教师材料的准备、投放的时间以及作品收取时机等有重要的关联。如果教师能够把握好材料投放的适宜时机，则可以更加有效地保存好作品美的瞬间，提升孩子审美能力。这就需要我们通过一定策略来解决满足幼儿动作发展的需求和提升作品艺术美感之间的关系平衡问题。

1. 材料的准备

材料的准备可以分为预设和衍生两种。预设就是按照计划,提前准备好所需要的各种材料,如画纸、画笔、颜料等常规材料,品种齐全,数量充足,以满足幼儿创作的需要。还必须细致考虑幼儿年龄特点、取放的便利等细节。我们曾在观摩一位新教师的美术活动中发现,预设中需要用到3种颜色的纸做装饰,在进行材料准备时,新老师既没有拆除彩纸的塑料外包装,也没有充分预估满足每个孩子创作所需要的彩纸大小和数量,所以导致创作开始后,孩子们取彩纸的过程不断发生问题:有的孩子因为拆不掉包装纸而显得很着急;有几个孩子同时去拿纸就显得拥挤不堪;有的孩子颜色不够,又重新离开座位去拿;有的孩子某种颜色的纸只用了一点点便不需要了……这样的过程不仅使得整个活动显得凌乱不堪,更重要的是直接影响幼儿的创作专注度与持续性。所以,常规材料的预设准备必须做到足量和丰富,既要考虑操作的便利,又要兼顾材料的统筹安排。

所谓衍生是没有事先准备,但是追随幼儿发展需要却是必须提供支持的。比如在活动中幼儿需要用到预设之外的材料,而教师又一时无法提供或找不到合适的替代品时,及时记录下这种材料,以备下一次活动所需,也可直接投放在区域中进行。举例来说,"水族箱"创作中教师预设材料均为画鱼而准备,但是却没想到水族箱里还有水草、珊瑚、轻泥、鹅卵石等材料,教师即记录下来,在延伸活动中加以补充,以此满足创作的需要。

2. 材料的分配时机

顺序性:一般而言,集体美术活动中,我们会较多地运用多元材料进行创作。这就需要在材料出现的顺序上做思考,并进行合理分配。比如:小班美术活动"小布锤",在活动中要先用布锤感知敲打的动作及节奏,然后再利用蘸取墨汁在宣纸上重复敲打这一大肌肉动作的同时感知墨迹的变化,最后则需要利用色彩鲜艳的广告画颜料在墨迹上敲打出彩色,从而形成吴冠中风格的水墨与色彩结合的艺术美感。这样的过程中,就需要教师对材料的分配和出现时机做充分考量。先呈现布锤感知,再分配墨汁,最后分配广告画颜料,这样循序渐进的过程不仅满足小班幼儿肌肉协调运动发展的需求,而且让艺术的美感自然呈现,对孩子学生来说也会获得极大的成就感。但假若这些材料一股脑儿地同时都出现,就会产生反作用,幼儿无法判断哪些材料是可以帮助产生画面效果的,哪些材料是具有破坏性的。

差异性:孩子对于材料的使用、需求等会因为其认知水平、兴趣爱好等不同而有差异,我们必须充分认识和尊重这种差异的存在,并努力为不同需求的孩子提供适宜的材料支持。我们尽可能将更多种类、数量的操作材料投放到区域中去,便于孩子根据自己的需要进行选择。也尽量不要一人一份地分割材料,可以在集体活动时,以小组为单位,将4～6人的材料放在一起,以便大家各取所需。另外,我们还可以和孩子们一起"建造"一个班级专属的材料库,腾出一个相对独立的空间,或者使用容量大一些的纸箱,全班一起制定相关收集材料的规定,包括材料名称、材质、大小、清洗消毒、分类存放等,然后大家按照要求分头进行收集、整理和存放,创作需要的时候,孩子们可以随时取用。

递进性:根据孩子表达表现的能力水平以及现场需要,层次递进地进行适宜、逐步地材料提供,潜移默化地正面影响孩子对材料使用的层次思路,大大提升作品效果,帮助孩子获得自信和成功感。比如在中班创意绘画《星空》中,老师准备了三个层面的材料,基础层面是纸、安全颜料和废旧物作画工具(牙刷、棉签等);辅助层面是一些立体废旧物,如瓶盖、保丽龙球、五角星等;装饰层面的有亮粉、印章等,根据孩子不同创作程度的需要,老师及时提供不同层面的材料支持,以获得最好的表达表现效果。

3. 作品收取时间

如前所述,因为对材料的过度探究而影响画面美感,我们常会为一幅作品的最终效果惋惜。作品的收取时间策略不失为制止这种"过失"的解决之道。这需要我们观察并从幼儿的行为中解读他们对材料的态度,是正处于探究与运用的浓厚兴趣状态?还是对材料的兴趣渐失,开始了"自由玩耍"?以此决定收取作品的适宜时机。例如,在"颜料吹画"的活动中,孩子们一开始都沉浸在滴管滴的动作探索中,经过尝试他们能够较好地控制滴管的流速,从而开始吹颜料创作。但是当时间过去15分钟左右,有孩子不再对吹颜料感兴趣,将注意力重新转移到滴的动作,并且在原来已经有吹画图形的画纸上持续随意地滴颜料,观察颜料在纸上大量堆积并渗透的情形。这时教师就要观察幼儿的这种行为变化,将已完成的作品收取,倾听他们对画面的表达,或者重新给一张画纸满足他们的探究需要。

四、基础材料的有效运用

材料是表达的前提与基础,丰富、多元、便利的材料为幼儿的美诉表达提供更多的可能性。一般而言,从安全、卫生、便利等因素考虑,基础性材料更适合幼儿开展各类美术相关的活动。

1. 纸质类

常见的纸质材料有:铅画纸、卡纸、宣纸、彩纸,这些常见的纸质材料基本涵盖幼儿园阶段幼儿美术表达表现的基本所需。同时,也有一些较为特殊的纸质材料可作为补充使用,例如:纸板、纸筒、纸箱、纸袋、报纸等。这些质地不同的纸张适合不同美术创作的需要。

铅画纸:铅画纸的渗水性一般,表面较为柔软,非常适合水彩、水粉等颜料相结合使用。对于处于涂鸦期的小班幼儿来说,利用铅画纸与油画棒的结合进行涂鸦是最适合不过的。

卡纸:卡纸质地较铅画纸硬朗一些,可直接在卡纸上创作,也可作为背景底色使用。如果直接使用,需要特别注意卡纸本身的颜色与其他材料的搭配。如果将提供水彩笔或者记号笔,或是颜料在红色、棕色、土黄、绿色等颜色的卡纸上使用,都将直接破坏作品的效果。所以,一般来说,本身具有鲜亮色彩的卡纸应避免直接使用画笔和其他颜料作画。因而利用卡纸具有纹理和相对硬朗的个性特点,可以多运用在装饰或者立体表现方法,例如,在已有的平面作品中,利用卡纸材料添加立体小物装饰。

宣纸:宣纸作为国画材料,与毛笔和国画颜料紧密结合。但是随着幼儿创意美术活动的多样化,在宣纸上墨汁和广告画颜料结合这样新的运用方式也出现了,而且效果也十分明显。例如:中班美术活动"小黑鱼",其构思源自绘本《小黑鱼》,艺术表现形式则借鉴吴冠中的风格,在创作过程中不提供毛笔,而提供滴管,运用滴管在宣纸上滴出颜料后在自然流淌的痕迹纸上用棉签添画"小黑鱼",通过这种游戏化的方式,让孩子在感知材料的过程中逐步产生对中国画水墨效果的认知,这不仅是全新的尝试,更是一种艺术经验和美感的积累过程。

彩纸:彩纸对孩子来说是一种十分受欢迎的纸质材料,因为色彩鲜艳质、地柔软又易成型的特点,既可直接作画又可以做添加辅助材料,另外,彩纸的软硬程度也非常适合运用手部肌肉的力量去控制,并开展折、叠、撕等活动。所以,在区域中一旦投放彩纸很快就会被幼儿发现并使用,对彩纸的运用似乎不需要老师引导就能探索出各种方法。需要关注的是对不同大小以及形状相同彩纸的对比运用。例如,当与压花机共同投放时就需要进行较小的剪裁准备。

2. 塑形类

在园内常见并且适宜操作的塑形类材料主要有黏土、橡皮泥、魔法玉米粒等。黏土因其色彩、造型和作品存展等优势,被越来越广泛应用。塑形类的材料能让幼儿从平面绘画中得以抽离,探索感知立体的艺术表现,对于空间感知、内部构造等理解能力有其独特的功用。所以,塑形类的材料对幼儿的美术表达与表现同样有着重要作用。以往,我们常见的形式是将塑形类的材料单一运用,这种使用方法在小班涂鸦期用于发展幼儿肌肉动作练习是较为适宜的,但是随着幼儿能力的发展,在中、大班阶段就不再适宜单独使用一种塑形类材料,而应强调将塑形类材料与其他材料的综合运用,从而激发幼儿创造想象能力。

3. 自然物类

自然物类材料来源于大自然,由于其特殊的纹理结构和艺术视感,被越来越多地运用于幼儿美术表现中。与其他材料不同的是,自然物类材料从准备阶段开始就需要幼儿的参与。我们建议幼儿共同参与发现、采集、清洁等准备过程。例如:寻找一块特别的石头、发现一根有用的枯枝、拾取一筐不同色彩的落叶、收集掉落的花瓣等。幼儿这种参与寻找、收集的过程就是对材料探究的过程,是一种极其宝贵的经验。由于自然物类材料在质地、牢固度、保存性上还存有一定欠缺,一般来说需要与其他材料组合运用来更好地凸显本身的质感。(见图2-36～图2-41)

图 2-36　捡来的树枝与黏土结合创作梅花

图 2-37　树干、松果与黏土的结合

图 2-38　树枝、木板、颜料与黏土的结合

图 2-39　落叶、枯枝、竹筒等与颜料的组合

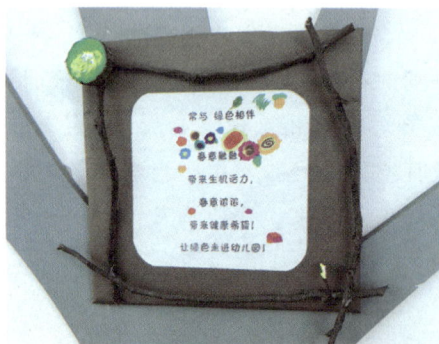

图 2-40　树枝、木片、颜料与卡纸的结合

图 2-41　树枝、缸与颜料的结合

4. 辅助物类

在幼儿的美术表达中,一些辅助物材料虽不作为主要媒介物来表现,但是若运用得恰当,往往会有意想不到的"点睛妙用"。常用的辅助物有:活动眼睛、毛根、亮粉、保丽龙球、毛绒球等。例如:利用黏土和画纸结合表现鱼的造型,然后贴上活动眼睛做点缀;在表现星空的画面撒上金粉营造银河系的视觉效果;在"水族馆"的设计中加入保丽龙球营造海洋气泡的氛围等等,这种辅助材料可以将创作效果推向高潮,从而让孩子们体验到艺术创作的美感和快乐。

幼儿是天生的艺术家,艺术创作的材料对于他们来说,就如食材对于厨师的重要性。厨师面对充足的富有营养的食材需要通过与食材相适应的烹饪方式方能带给人们饕餮盛宴,我们提供给幼儿的艺术材料也要丰富且适宜,才能为他们进行表达和表现提供有效帮助,让他们进一步享受创造的乐趣与艺术的滋养。(见图2-42～图2-45)

图 2-42　活动眼睛运用

图 2-43　保丽龙球的水泡效果

图 2-44　毛绒球的装饰作用

图 2-45　亮片、羽毛的组合点缀

第三章　美诉环境中的浸润

本章导读

　　美诉环境是指在美诉课程的研究、探索和运用过程中,所有外在条件之和,这些外在条件有的是对幼儿探究、表达和创作产生积极作用的外部条件,还有的是能调动幼儿内在积极因素的心理条件,它主要包含物质环境、作品环境和心理环境三方面内容。本章从幼儿以"无意学习为主"的学习心理特点出发,尊重其"以直接经验为基础"的学习方式,通过对丰富便利的物质环境和样式多变的作品环境创建,辅以宽松愉悦的心理环境,凸显幼儿在美诉环境中的主体地位以及幼儿与环境的有效互动,让幼儿浸润在美诉环境之中,潜移默化地提升自身审美和表达能力。

对幼儿发展起作用的,是来自环境、教育以及个体自身特性等三方面的因素,这已是被大家所认同的观点。而"孟母三迁"的典故、"近朱者赤近墨者黑"的语录等,更是强调了环境对个体发展的重要作用。相对于成人来说,幼儿的心理更容易受外界暗示,他们的学习也以无意学习为主,所以环境对他们潜移默化的影响是重大的。在美诉课程行进过程中,怎样和孩子一起,创造、拥有并享受一个处处是美的"美诉环境",是我们提升幼儿审美和表达能力的重要研究内容。

美诉环境是指在美诉课程的研究、探索和运用过程中,所有外在条件之和,这些外在条件有的是对幼儿探究、表达和创作产生积极作用的外部条件,还有的是能调动幼儿内在积极因素的心理条件,它主要包含物质环境、作品环境和心理环境三方面内容。前两者是显性的,后者是隐性的,他们共同对幼儿的成长起着作用。

"浸润"一词,是对液体在固体表面的渗透或者附着这一物理现象的引用,在这里主要表达的是两层意思:一是沾濡滋润,"怀生之物,有不浸润于泽者,贤君耻之"。指通过可以触摸到的接触和感知,对对象持续不断地产生作用。这里有两个关键意思,"是可以接触到的"和"是持续不断的"。"可以接触到的"是从幼儿学习心理出发,因为他们对具象的物体更容易关注,所以,美诉环境就是一个真切的可以触摸、进入、互动和改变的环境。"持续不断的"是指环境的作用不是短时强效的,而是慢慢地、逐渐地产生和发挥作用的,所以美诉环境创建也是一个逐渐完善和动态发展的过程。

二是浸染熏陶,"吟哦讽味,浸润优悠,自四诗之派,以遡三百篇之正,孰谓其无益於世道也哉!"。指沉浸在其中,全方位地感受和体验,并产生潜移默化的作用。其关键意思是"全方位"和"潜移默化"。"全方位"是要求美诉环境必须是立体的全面的,甚至是无所不在的,已经融入到我们的生活环境中,成为幼儿园生活不可或缺的一个部分。"潜移默化"强调了美诉环境是幼儿能与之互动并产生作用,并且由于环境中各种美的因素,而对幼儿产生积极的审美和表达作用,幼儿与环境融为一体,环境正如幼儿的玩具、游戏一般,与他们紧密联系在了一起。

一、美诉环境是便利和丰富的

我们在第二章《材料的探索中》也曾讲到，孩子们是天生的艺术家，尽管他们的语言交流、知识经验还不能很好地支持他们对美的表达，但是他们经常运用自己独特的方式进行表达，那就是涂鸦。通过涂鸦，孩子们可以自如地表达和表现。但涂鸦的灵感和欲望虽然强烈却也短暂，甚至稍纵即逝。观察班里的孩子，如果他想找一支笔一张纸来涂鸦，但是短时间内没找到或者被干扰的话，很快他就会转移注意力，而忘记刚才自己要做什么的了。这种情况年龄越小表现越甚。所以美诉环境必须是便利的，能满足幼儿随时表达的需要；同时也是丰富的，它可以为孩子们更多形式的表达提供支持。

孩子们一进入幼儿园，首先迎接他们的是公共大环境，也就是除了教室以外的所有公共活动空间，它既有较大范围的活动场地，比如大路、操场等，也有区角的小场地，比如楼梯小平台、走廊转弯角等，还包括一些多面围合或者全部开放的，面积小而零散的场所。利用好公共大环境和各种环境资源是美诉教育的基础。并以优美的环境能能引发孩子们的美诉愿望。

浸润在美的环境中，孩子们无需专门进行教学，他们都能在具象思维主导下，通过对表象的回忆进行模仿并内化为自己固有的审美思维模式。美的环境首要是自然之美的体现，满树灿烂的紫薇花、一地落英的紫藤廊架，甚至是斜坡墙体上那些孩子们自己种下去的小花小草、走廊边自己播种的藤蔓植物……都能给孩子强烈的视觉冲击和心灵触动，成为他们说不尽的美好童年回忆。（见图 3-1～图 3-4）

其次是玩乐之美的体现。玩是孩子们最喜爱的事，一个到处有好玩地方的大环境对他们来说一定是最美的和最具有吸引力的。可供玩乐的器械、一棵可以攀爬的松树、一个可以滑下来的斜坡、一处可以"打仗"的战壕……处处可以引发孩子表达的欲望，艰难地走在浪桥上，孩子们觉得自己像一名战士在穿越战区；顺利爬上大树，鸟瞰地面的一切，自己感觉是那么自豪；从斜坡滑滑梯滑下来再爬上去，乐此不疲地循环只为了冲刺下来那飞快的一瞬间感受；猫在战壕里的孩子们此刻估计内心满是解放军那勇敢

图 3-1　园内盛开的紫薇

图 3-2　孩子们在走廊上种植的黄瓜

图 3-3　孩子们在自己制作的花盘里种植植物

图 3-4　落英满地的小路

帅气的形象以及自己无比崇拜的心情吧。（见图 3-5～图 3-8）

最后就是环境中平衡之美的体现。色彩均衡、功能多样、位置错落、布局层次、动静交替等，都要恰到好处，给孩子适宜之美、层次之美、内涵之美。比如孩子们虽然好动，但是也需要为他们提供安静之地，静下心来与同伴分享、讨论、合作和交流。我们在小树林中，安放了一个木头小屋，通透的小屋靠近围墙，安静不受干扰。四边有栏杆的围合，小屋里还有一些放置用具和可供休息的地方，游戏过程中经常会有孩子聚集在这里，说些什么、笑些什么、讨论些什么、决定些什么，使这里成为孩子们表达交流的

一个重要场所。（见图 3-9）

图 3-5　玩乐器械

图 3-6　可以攀爬的松树

图 3-7　斜坡滑滑梯

图 3-8　可以打仗的战壕

图 3-9　小树林里的木头小屋

（一）便利的环境，引发孩子美诉行为

美诉的愿望一旦出现，孩子们都希望能够随时随处进行表达，正如孩子们常常喜欢在墙壁、桌椅上即兴涂鸦一般，所以，我们在走廊等空间为孩子们创设了专门用于涂鸦的区域。黑板墙是最为方便的，将木板固定在适宜高度的墙上，刷上黑板漆就可以使用了，黑板墙的涂鸦工具一般是粉笔。白板墙是将白板纸黏贴在平整厚实的墙上，可以是一整片的，也可以是分块再加上装饰框的，这样看起来更具有画幅的效果。白板墙的涂画工具一般是水溶性的白板笔。瓷砖墙更为坚实耐用，可以将需要尺寸的墙面铺上白色瓷砖就行，使用工具一般是水粉。如果方便的话，还可以就近连接进出水源，以方便冲刷清洗。（见图3-10～图3-12）

图 3-10　黑板墙

图 3-11　白板墙

图 3-12　瓷砖墙

　　另外,便利的材料环境,也为幼儿美诉行为的触发提供了更大可能。比如有一次,一阵狂风把幼儿园的海棠的树枝刮断了,断枝上满是待放的花苞。于是孩子们把断枝扛进教室,针对带有花苞的和不带花苞的分别进行处理。带有花苞的小花枝剪下来插在废旧的玻璃瓶里,静待其开放。不带花苞的树枝放在专用创意室,孩子们说:把这些枯枝刷上颜色,让它们焕然一新,待颜料干了,就可以拿枯枝来做画框,还能组合做更好玩的造型。

　　(二)丰富的环境,巩固孩子美诉习惯

　　习惯的养成是一个从产生动机开始,到行为练习、物化结果以及评价改进的不断循环的过程。环境中只有引发美诉行为的内容丰富了,才有更多机会让这个循环运动起来。材料丰富的创意室、户外的涂鸦沙水区等等,都是为孩子们准备的美诉环境。(见图 3-13、3-14)

图 3-13　创意室　　　　　　　　　图 3-14　创意涂鸦沙水区

　　我们还经常根据场地特点和孩子的需要对环境进行适时改变,努力拓宽孩子们表达表现的创意思路。幼儿园里建了 30 年的紫藤长廊,一到春天就分外美丽,成串成串的紫藤花缀满枝,清香扑鼻,引得蜜蜂蝴蝶不停地飞舞。孩子们在户外活动之余,经常三三两两地坐在紫藤花架下的木头凳子上休息,久久不愿离去。紫藤长廊除了供孩子们欣赏和休憩之外,能否让这个公共的空间发挥更多的美诉作用,让孩子们在休息的时候也能随时涂鸦,进行积极的自我表达。在进行了一系列的研讨活动之后,我们征求各班孩子们的意见,和他们一起制定环境创设的方案。按照方案预设的要求提供孩子们所需的材料,和他们一起对这个小环境进行改造,让紫藤架发挥美诉作用。

孩子们在进行环境创设时,根据柱子的面积先量好所需要的麻布尺寸,并在老师帮助下给柱子包上麻布,柱子就成为各年龄段孩子表达主题创意的画布,这些在麻布上的涂鸦随时可以更换内容,让廊柱富有变化。(见图 3-15～图 3-18)

图 3-15　紫藤架原状

图 3-16　教师们的研讨

图 3-17　紫藤架下的美诉表达

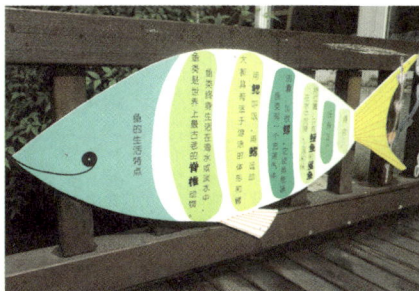

图 3-18　庭院鱼池

我们努力将主题行进与环境创建有机融合起来。在幼儿园中心庭院的鱼池里,养着许多孩子们非常喜爱的红色金鱼,他们每天午餐后都要来这个地方看鱼。自从开始了主题"多莉,去哪儿了",随着孩子们对鱼类的了解越来越深入,他们和鱼池的接触也越来越亲密。每进行一个活动,都有很多孩子过来要把自己的作品布置在鱼池周围,还有孩子提出来要在这里观察与写生,更有孩子想在这里设计建造一个宣传空间,将同伴们所知道的鱼类的信息都公布在这里,同时观察纪录鱼池中各种鱼的生长变化过程。他们对周围事物的探究欲望、表达方式和表达效果,着实让我们惊叹。

便利而丰富的公共环境,给孩子提供了充分、适宜的物质需求,满足了孩子们不局限于特定的时间和空间可以任意表达的需要。除此以外,还经常可以看到空间的变化、同伴的表达,并进行积极地交流,很好地满足了孩子们的美诉需求,养成了稳固的美诉习惯。

二、美诉环境是孩子们在活动中创造和丰富的

在分班制教育形式下,孩子们使用最多的是班级的环境,针对不同年龄段幼儿的学习和发展特点,其各自的美诉环境自然都不一样,需要更多地凸显自身的特点和需求。老师作为班级基础环境的设计者,就需要充分了解班级孩子的能力与需求,在很好地解决环境矛盾冲突的同时,更突显本班美诉环境的专属性。

相对独立的空间位置安排。将与美诉关联最为直接的区域做单独分割,比如涂鸦区、手工区等;因为孩子动作的需要、延时性表达的需求等,要为他们提供相对独立,不受干扰和宽敞的环境,让孩子能充分地进行美诉表达。

丰富多样的空间内容设计。进行各类区块的科学划分和设置。操作区的空间一定要足够大,例如,我们可以利用班级走廊、独立遮阳平台等。可同时容纳多位孩子的场所,同时进行大动作运动的创作。工具材料区要靠近操作区,以方便取放,内部还应该规整有序,方便孩子选择等。作品展示也要多种形式并存,比如张贴的、摆放的、悬挂的、围合的等等,让孩子充分感受美、欣赏美,获得成功感。

多维立体的空间布局格调。美诉环境的空间划分是多维立体的,以美为主线,以表达为目标,以幼儿的各种活动为载体,以他们的创意作品为呈现,在表达形式、工具使用、区块划分和作品展示上,起到相互作用,使之交织成一个立体而有个性的班级专属形象,充分展示美感,让孩子们有美的视觉享受。就像绘画形式上,可以在桌面、在画架、在墙面;表达题材上,可以是画作类、泥塑类、建构类;组织方式上,可以是一人的、两人的和多人

的;表达内容上,可以是单体的、组合的;使用功能上,可以是欣赏性的、游戏性的等等。这样,我们才能感受和欣赏到丰满的班级形象,和他们所特有的明显专属性。(见图 3-19～图 3-21)

图 3-19　大班班级美诉环境

图 3-20　中班班级美诉环境

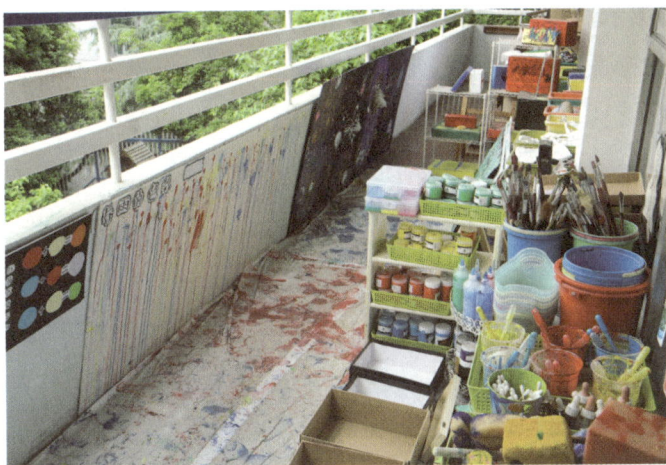

图 3-21　小班班级美诉环境

　　美诉环境创建的过程是一个师生相互作用,螺旋上升几何增长的过程,它就像一个倒锥体,老师的基础环境设计是锥体最小的底座,而慢慢地,孩子们在活动中将环境创设不断丰富日渐丰满。环境创设过程就是在孩子们的活动中得以创造和丰富的过程。我们以小班主题活动"生长在春天"为例,来剖析美诉环境的创建和变化过程。

　　"生长在春天"这一主题活动的核心目标是引导孩子们观察大自然的

变化,感知春天特有的美丽景象及蓬勃发展的态势。并在此基础上,对春天产生积极、美好的情感体验。活动注重幼儿的情感体验,提供不同的材料,以激发、引导和支持幼儿用自己喜欢的方式来表达对春天的认知和情感。活动行进过程中,美诉环境也同步发生以下变化。

1. 区域内容根据学习需要而变化

活动开展前期由于幼儿处于体验感知时期,他们需要通过多种途径了解春天的相关知识,多种通道感受春天的色彩、温度、变化等现象,所以除了户外的活动以外,教室区域的内容为图书区和种植区。在图书区,我们投放《五彩缤纷的春天》《昆虫的秘密》《彩虹色的花》等绘本,老师和孩子们一起阅读和交流,孩子们从绘本中直接了解关于春天的相关知识。在种植区,孩子们种植了小豆芽,从一颗黄豆的发芽开始,观察小豆芽的生长过程,并运用图示法进行记录。幼儿在种植区感知并亲眼观察植物破土的力量及向阳的特性,了解它们满足生长所需要的条件,并用涂鸦记录来表达表现自己的发现。(见图 3-22、3-23)

图 3-22　图书区　　　　　　　　图 3-23　种植区

主题活动后期,孩子们对春天已经有了充分的认知和体验,内心深处充满对春天的感受,区域内容的重点就调整为表达表现类为主的涂鸦区、美工区和建构区。

涂鸦区是教学活动的延伸,孩子们可以用不同的形式和各种颜色表现春天、春雨、春风等;可以利用大宣纸、大卡纸、铅画纸、纸盒、鞋盒等材料,并用画笔、滴管、棉签、弹珠等工具来表现春天。(见图 3-24～3-29)

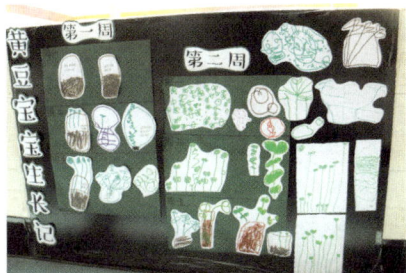

图 3-24　小豆芽生长记录表

图 3-25　涂鸦区（一）

图 3-26　涂鸦区（二）

图 3-27　涂鸦区（三）

在美工区,孩子们用轻泥、小纸盒、鞋盖、树枝、瓶子等新材料来制作春天的花、树等形象,或者组合成系列景色。

图 3-28　美工区（一）

图 3-29　美工区（二）

在建构区,孩子们用建构材料拼搭自己所了解的春天的事物:如树、小桥、房子、小鸟等等,也有的孩子开始尝试同伴间作品的组合,并为作品编写春天的故事。就这样,关于春天的美诉环境,随着主题内容的展开,从无到有,再从有到越来越丰富。

2. 区域玩法根据学习进程而拓展

随着孩子们对主题活动理解的进一步深入,他们逐渐从热衷于表达花草树木等这些单一的个体,转向于表现物体之间的关联和关系。比如刚开始,美工区的孩子们非常喜欢用轻泥和树枝来制作好看的一根根的花枝,慢慢地他们会装饰一个花瓶,将花枝插进去作为教室里的摆设。还有的会运用到桌面建构中,将花枝分别插在"路边",当作是一棵棵花树,来配合情境游戏的需要。再比如主题接近尾声时,孩子们更是运用了综合性极强的建构区来进行表达表现。他们将建构区从桌面转移到地面,大大拓展了游戏场地。从模型类的建构到可以真实进入的建构,从情节单一的建构到具有丰富情节的建构,从单人的建构到小组的合作……玩法逐渐增多,人数逐渐增加、材料更多替代、时间慢慢变长,在这个过程中,孩子们常常处于一种积极表达表现的状态,而他们所表达表现的作品,让美诉环境更丰满。(见图 3-30、3-31)

图 3-30　建构区(一)　　　　　　图 3-31　建构区(二)

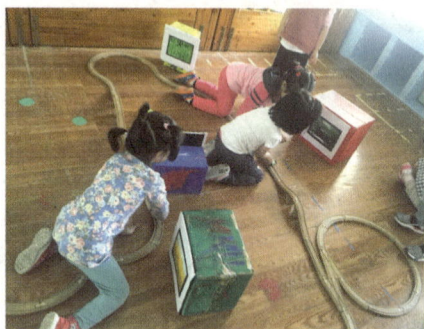

三、美诉环境是属于孩子们自己的

美诉环境是属于孩子们自己的,他们创造、改变、使用和享受环境,他们每一个小小的表达,都对环境的改进起到了不同的作用。如前所述,被风吹断的树枝经孩子们的修剪、整理、装饰,就成为教室里一处美丽的亮点。我们不得不说,美诉环境很大程度是孩子们的作品环境,而重视作品环境的创建也是支持幼儿美诉表达的直接方式。我们可将作品在美诉环境中通过不同的呈现去强调和凸显其艺术美,让孩子浸润在美诉作品环境中,感受美、欣赏美,通过这种美的体验激发孩子对美诉活动的兴趣,提高自身的审美能力,体验成就感,产生自信心。

创设环境中的作品,很大比例来自幼儿自己或者同伴们的作品,我们从类型、内容、风格,作品与生活的关联度等方面出发,进行不同的作品环境创建,让每个孩子的作品都能出现在大家看得到的地方。

四、直接陈列

当孩子们用作品表达了心中所想,自然是希望有更多的人以最快的速度关注到他们的想法。直接陈列是随时、随处进行作品陈列的方式,只要孩子们认为自己的表达已经完成,就可以将作品陈列在教室里自己认为最合适的地方,或者要求老师将作品陈列到幼儿园大厅、楼道、墙面、转角等公共环境中去。

1. 平面呈现

孩子在班里都有自己的陈列小空间,专属的作品陈列袋、区域的陈列架、主题路径陈列墙等,都可以允许孩子们去自由摆放。在公共空间,老师帮助学生将作品以夹、贴、挂等方式在墙面进行呈现和展示,让环境更显艺术氛围。(见图3-32)

2. 立体装饰

立体装饰。主要指将立体的作品以"生活运用"的方式呈现。它们既是艺术展示的一部分,又是生活中实际发挥具体作用的一部分,这样的作品陈列方式,更让孩子们感到骄傲和自豪。幼儿园大楼里的空间指示牌,都是由孩子们设计和涂鸦,最后请老师帮忙写上字完成的;他们还热衷于把轮胎涂上各种颜色,一开始只是觉得好看,后来又在轮胎里填上土、撒上花籽,结果发现花籽发芽长大并开花了,乐得他们每天都要驻足欣赏好久;

图 3-32　公共空间的艺术陈列品

还有的孩子将斜坡种植园地的 PVC 管进行了装饰,让色彩变得更加丰富,成为了园区主入口一道亮丽的风景线。(见图 3-33)

图 3-33　各种立体装饰

3. 三维布景

三维布景。指以两三面围合的角落为展示地点,配合其他的辅助材料,将很多孩子的单个作品,以组合的方式来呈现,并具有一定的文化内涵体现。如图 3-34,孩子们将捡来的枯树枝进行整理后,依据它们原有的形态,组合成麋鹿、圣诞树等,再加上一些辅助的圣诞花、腈纶棉絮、圣诞老人等,营造出圣诞老人驾着麋鹿车穿梭于白雪皑皑的森林的场景。

三维布景的制作过程是一个从预设方案、了解相关知识开始,到设计布景思路、制作单一作品(或者小组制作单一作品)、选择布景场地、收集辅助材料到最后实施布景,每一步既是孩子们认真参与的过程,也是他们感知、体验、交往、分享和表达的过程。

图 3-34 三维布景制作

五、主题陈列

主题陈列是教师将相同或相近类型的作品进行重新组合,在添加某些元素之后,以充满童趣的方式把原本零散的作品围绕一个主题进行展示,能带给欣赏者强烈的视觉冲击力,比单一看一件作品或者直接陈列的作品更能强化作品美感。

主题陈列宜选用同一造型的作品。孩子们好模仿,也常常会重复做一件自己喜欢的事,比如不断重复在纸盒上用涂、塑等方法做上最爱的颜色。当一个个色彩明亮的纸盒被摆在眼前时,他们的愉悦感油然而生。此时,使用主题陈列的方式,以"树"为目标,将这些零散的纸盒作品作为抽象的树叶来处理,辅以简单的麻绳黏贴成树干,几棵栩栩如生的树便出现了。尽管这些"树叶"不是我们平常看到的树叶,但是孩子们看到陈列的作品

后,无一不能理解这就是一棵树,概念化的抽象运用手法,也将在潜移默化中渗透到孩子们的审美意识中去。(见图 3-35)

图 3-35 彩色纸盒和麻绳做成的树

主题陈列宜选用同一风格的作品。因为要进行组合,所以所有作品之间必须要有一个以上共通的地方,否则将会显得生硬、杂乱和拼凑感。作品风格是一个很好的选择标准,将风格类似的作品放在一起陈列,其整体感、融合感都会非常协调地传递给欣赏者。在唐代的绘画史论著作中,风格就被用作绘画艺术的品评用语。所谓作品风格,是指在作品中所表现的相对稳定、内在的特性,我们就是要将所有具有共同的内在稳定特性的作品进行组合与展示。比如色调的稳定特性,可以将黑白系列的、五彩系列的、纯色系列的各种色系作品组合成不同的主题进行陈列;表现内容的稳定特性:都是表达春风的、都是表达春雨的组合在一起;使用材料的稳定特性:都是管子的、都是枯树枝的、都是瓶子的组合在一起等。同一风格的主题陈列,能帮助孩子感知和体验风格的差异,对作品进行归纳和筛选,从而更进一步理解作品的内涵。(见图 3-36)

图 3-36 不同风格的主题陈列

六、画 展

画展是成规模的、有仪式感的作品展示环境。老师将孩子们的作品进行一定的装裱、美化，按照作品的主题进行布展，让孩子浸润在由不同来源的作品环境中，感受美、欣赏美，通过美的体验激发孩子对美诉活动的兴趣，提高自身的审美能力，体验成就感，产生自信心。

除了布展工作以外，画展开始后的欣赏组织工作非常有必要。和孩子们一起，逐一欣赏每一幅作品，猜测、讨论、评价和分享。另外，获得展览资格的孩子们，也要组织他们对自己的作品进行欣赏，向他们转达其他孩子的鼓励和建议，体验成功、获得成长。

集体画展。结合主题活动开展,将主题活动中的作品,进行一定的布局、美化,使这些展品更具系统性。主题画展可以是单幅作品的分别陈列,也可以是单个主题的组合陈列,组成一个系列或者一组情境,使表达表现更加生动。(见图 3-37、3-38)

图 3-37 "生长在春天"主题画展

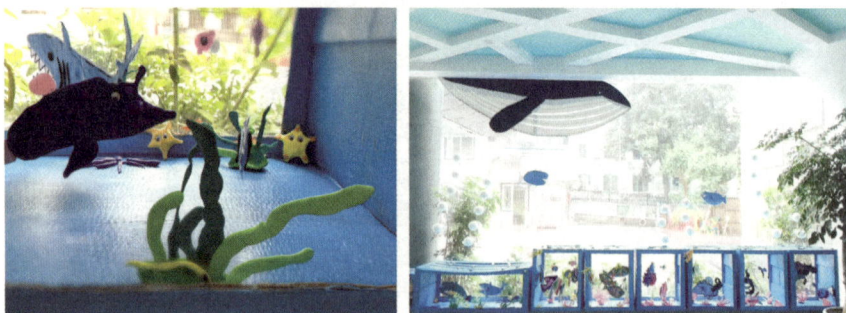

图 3-38 "多莉和朋友"主题画展

个人画展。绘画是许多孩子喜欢的活动,他们用绘画代替语言进行表达,孩子们的每一次创作,都是他们内心表达诉求的满足。我们要给孩子们更多的表达表现机会,以赞许和支持的方式鼓励孩子们勇敢、自信地展示自己。

个人画展除了在幼儿园醒目的公共空间进行布展之外,还可以在公众微信号上以"我是小画家"的专栏形式进行展出,这样的展出可以让阅读人群更为广泛,同时因为可以方便地使用文字进行说明,所以,能"读懂幼儿"的人,也会越来越多。

七、美诉环境让孩子们感到轻松和愉快

美诉环境,除了物质环境,还包含心理环境,心理环境是德国心理学家K.勒温提出的拓扑心理学中的一个基本概念。指人脑中对人的一切活动发生影响的环境事实,是对人的心理发生实际影响的环境。其中的"实际影响"是指那些真正触动幼儿心理活动的环境,而不是幼儿没有看到或者视而不见的环境。所以,心理环境必须是真正能与幼儿进行互动的外界影响。

宽松愉悦的心理环境,更多考量的是教师在与幼儿相处过程中的教育艺术,教师的体态情感传递、教师的专业教养理念和教育行为,都会给孩子的心理环境带来影响。

1. 老师的微笑,是对孩子最好的鼓励

微笑是一种心理环境的营造。微笑乃是具有多重意义的语言。微笑是关注,老师对孩子微笑,首先就是告诉他:我看到你了,我会一直在你身边的,让孩子心里有安全感。微笑是友善,拉近彼此之间的距离,传递"我愿意和你在一起"的情感信号。微笑是肯定,"嗯,好,你很努力,做得很好!"微笑是老师对孩子亮出的态度,也是孩子们自我评价的参考依据。微笑是宽容,面对孩子的失误、失败和沮丧,老师的微笑是理解和宽容,"每个人都会犯错,都会有不开心的时候,没关系"。微笑是鼓励,"没关系,再试试,你一定能做得好。我会等你。"微笑也是榜样,你经常对孩子微笑,孩子们也会以此为榜样,用微笑回报你,将温暖、支持和鼓励相互传递。

2. 老师的引导,是对孩子最坚定的支持

在孩子进行美诉表达时,应让孩子充分发挥各种感官的作用,通过亲身感受,刺激感官通道,从而引发孩子内心的情感体验,进行积极的表达。

每次进行美术活动时,老师给孩子们准备了各种范例,讲解完后让孩子自己操作。以前,小A总会跟老师说:"老师,我不会画!"老师虽然也会安抚小A:"没关系,你想怎么画就怎么画好了!"然而每次的活动,基本都以老师"帮助"小A完成一幅作品而结束。

小班"生长在春天"主题活动中进行了一次感受春风的行动,孩子们在

阳台上尽情地跑一跑、闻一闻、抓一抓、说一说,用各种感官去体味春风带给大家的感受,接着马上进行感受春风的美术活动。因为有了充分的感官体验,这次小 A 没有对老师说"我不会",而是很快地在纸上画了些线条,然后对老师说:"我好了! 我画了春风宝宝,春风宝宝有鼻子有眼睛,春风是卷卷的!"(见图 3-39)

图 3-39　感受春风的主题活动

　　小 A 在美术活动中的前后对比,让我们明白,孩子在活动中的先期感受才是促使他们进行表达的第一步,我们应给予孩子们更多感受的时间和空间,才能促进孩子们进行积极地表达。

　　3. 老师的肯定,给孩子带来成功体验

　　在美诉过程中,孩子们常常会遇到不被理解的苦恼,因为他们的语言表达能力比较弱,所以很难对自己的情感以及内心体验、感受进行精准地表述。同时,虽然他们也能用自己的符号、画面来表达,但是因为这些符号带有太多的个体性,所以往往不被成人理解,甚至被批评为"画的是什么呀? 乱七八糟的"。每当此时,孩子们总是很沮丧。

　　小班主题活动"生长在春天"中,有一个"画春风"的活动,请孩子们感受春风是怎样的,然后用自己的想法画一画春风。当我们第一眼看到作品时,我们无法了解孩子们对春风的感受,但是,当我们倾听了他们的描述,再对照作品去看时,就会突然发现,孩子们对春风的感受是那么灵动有趣,而春风的形象,通过不同孩子的不同表现,跃然纸上:春风走过了很多地方,它很调皮,跑来跑去累了,最后在公园的小花园里休息了。(见图 3-40、

3-41）

正是因为老师们那肯定的态度和积极的反馈,使孩子们在心理上获得了更多的成功感和被认同感,使得他们更乐意参与美诉活动。

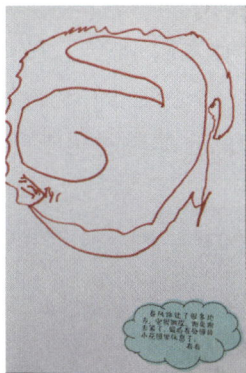

图 3-40 春风是旋转的　　图 3-41 春风是淡淡的、透明的

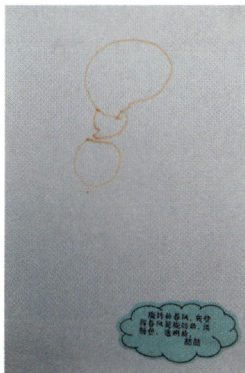

4. 老师的思考,让孩子也学会思考

小班轻泥区里,老师准备了各种颜色的轻泥,孩子们捡来一些树枝。大家很喜欢这些材料,经常进入这个区域,做一些他们喜欢的东西,比如小花、小树等。但也经常遇到一些依赖性很强的孩子,只有"雄心壮志"没有具体行动,于是经常会听到"老师,我这个蜗牛做不好,快来帮帮我……"此类的声音。

为了让孩子们能够尝试自主地解决问题,老师进行了思考,在和孩子们商量后,决定将大家在美工区活动的照片打印出来,以图片的形式张贴在作品的下方,方便孩子们自己看操作步骤和动作,在初期的模仿中学习并掌握一些基本技能。

很快老师发现这个方法不管用,因为图片的支持太过笼统,没有很好地帮助幼儿梳理操作的流程,也就不能给孩子的思维一个适宜的引导方法,孩子们还是无从下手。于是老师进行了第二次调整。将照片重新梳理排版,并将幼儿操作的动作放大处理,用小箭头的形式将一张张照片串联起来形成操作示意图,方便幼儿了解具体的操作步骤,从而对他们的操作起到了隐性的指导作用。

第二次调整好之后,孩子们会经常关注这些图示,学习能力强的幼儿会跟着图示进行操作,并且能操作得比较好。但是张贴的图示还是过于简化,有些中间步骤没有显示出来,导致学习能力弱一些的幼儿看不明白,学习能力强的幼儿作品比较粗糙,缺少了一些美感。

于是老师进行了第三次调整。调整为操作步骤示意图,教师将每一步的操作过程以图片的形式呈现出来,并且每一步之间都有红色箭头连在一起。这样一份完整的图示,幼儿能看得很清楚,也非常适用于所有的幼儿。(见图 3-42)

图 3-42　学生作品操作步骤示意图

老师实行的三次不同深度的环境图示调整,对孩子们来说很有意义。从调整结果上来看,孩子们学会了看着图示进行操作的方法,他们摸索着完成一个作品的创作过程,锻炼了观察、比较、造型等各种能力。从调整过程上来看,他们发现老师碰到困难和问题后,会有新的调整后的办法出来,而这个办法总是比前面的办法好一点点。这种发现,潜移默化地影响了孩子的思维方式,也进一步提升了他们独立思考与解决问题的能力。

5. 老师的探索,让孩子们创意无限

美诉,是对一切美的表达,它融合于生活和各种活动中。孩子们对美的理解,通过各种形式进行表达,我们都应该支持和鼓励。而教师所表现出来的探索意愿,将成为促进孩子们实施探索和创造的催化剂。

小班主题"生长在春天"开展时,有一个诗歌学习的活动,叫做"春天的旅行",为了更好地帮助孩子们理解春天的风景,老师将一些春天风景的图片进行处理后黏在纸箱上,作为可移动的教具。活动结束后,这些可移动的教具就安放在寝室一角。而后,在老师引导助推下,孩子们出现了逐渐丰富、层层推进的一系列创意表达,真是让人惊叹不已。

建构区的游戏开始了,孩子们玩的是开火车的游戏,他们在铺设"轨道"之后似乎想到了什么,主动将纸箱拿过去,分别摆在火车轨道的两边,作为"铁路"两旁的风景,边"开火车"边朗诵"春天的旅行"这首诗歌。老师对于孩子这样的生成性活动给予了充分肯定和支持,并作为一种新的游戏形式,和孩子们讨论了如何让游戏更好玩。

真实性是孩子们正在追求的游戏效果,他们希望火车真的可以从山洞中开进去,所以,山洞的图片已不能满足孩子对火车游戏的情境化及真实性要求,不足以表达他们内心的愿望。于是,老师加入了他们的讨论,和他们一起在教室里利用现有的替代品进行尝试筛选后,决定用"小椅子"作为山洞,和纸箱一起进入游戏。

有了小椅子的加入,孩子们开火车游戏更具情境性和真实性,游戏和表达的兴趣也进一步浓厚。他们在游戏中思考,该如何穿越这些连续的"山洞",如何摆放椅子才能让火车顺利通过山洞等问题,并一一进行尝试和解决。

随着游戏的不断深入,孩子们又不满足于现有的游戏表达了。老师和他们再次进行了讨论，如何让火车游戏更接近我们平时看到的情景。孩子们增加使用了积木和软垫，他们用积木来搭建各种样式的漂亮房子，因为他们认为，在"铁路"的两旁，是有各种房子的，要这样才能使火车游戏更好玩，更符合生活中的情境。而软垫子，孩子们认为是对不同房子划分的界限，让每一栋房子都建造在自己专属的场地（软垫子）上，那才是最合适的。（图 3-43）

图 3-43　建筑区游戏"春天的旅行"

　　游戏深化的过程，是孩子们不断地对生活经验进行创造性表达的过程，他们造的每一幢房子都不一样，他们仔细考虑山坡搭建的稳定性和安全性,他们根据自己的经验安排铁路边上的景物位置是疏密相间的,他们甚至还想到了将美工区的桃树、柳树等作品拿来用到铁路两边进行装饰……表达展现了创意,创意推进了游戏,孩子们沉浸在自己的游戏中,乐此不疲。

环境对幼儿的教育影响力毋庸置疑,适宜的美诉环境对幼儿美诉的影响、支持作用也是必然的。我们要遵重孩子内心的需求,了解孩子、支持孩子,让孩子浸润在这样的美诉环境中,提升孩子的审美能力,提升他们对美的追求,提升他们的美诉能力。

第四章　主题中的美诉路径

本章导读

　　美在幼儿园生活中无处不在,幼儿浸润在美好的事物中,在教师引导下感受、发现、表现和创造美好。以"美"的感受和"诉"的表达为两个支架,我们力图通过主题式的活动来展开更为集中和有成效的研究。在美诉课程开发过程中,经历了单元式教学、方案教学的主题活动的学习,最后形成具有自己特色的主题课程。美诉主题课程通过"经验唤醒—通道建构—多元表达"三个路径实现幼儿对美的感知学习和表达创造的过程。

主题路径的实施

幼儿园的美诉课程是"多领域渗透阶段"的标志性产物,在多领域整合性安排中将美术融合到幼儿园的生活中,凸显生活特质,激发幼儿以探究体验式的学习方法去解决问题,促进幼儿的学习品质发展,鼓励幼儿表达对世界的认识。美诉课程的主题活动不过于强调幼儿个体对具体知识和技能的习得,而是着重关注幼儿在已有知识经验结构体系中主动参与新的审美体验,从而在参与体验的过程中形成新的感知与知识结构,并与已有知识结构形成联系并产生隐性的平等或阶梯性链接。在美诉主题中,能主动参与经验的感知探索,自主建构表达通道,多元实现表达创造的过程。

主题活动实施中,以幼儿审美体验为中心,并力求将活动开展定位与幼儿的实际发展水平相符合。教师通过观察、谈话、调查问卷、故事汇等途径,收集与分析幼儿已有经验。紧接着通过活动前的概念了解,活动中的要求与引导,来实现新的学习目标介入,激发幼儿参与和探索的求知欲,促进幼儿新的审美感知与审美获得的发展。美诉主题活动中,教师是参与者,与幼儿一起感知活动的氛围、参与活动的过程、获得活动体验;教师是协助者,帮助幼儿克服心理上的恐惧、降低操作上的难度、减少参与中的孤立;教师还是引导者,"站在不远处呼唤幼儿",善于且得法地鼓励每一个幼儿参与到活动中并获得参与体验与快乐,以促进幼儿主动、积极地与教师发生互动。

一、经验唤醒

美诉是一种教学手法,也是一种课程,更是我们的教育和管理理念(第一章已有阐述不再赘述)。美诉课程中创造的"经验唤醒—通道建构—多元表达"路径,实际上是分别从这三个角度去审视幼儿感知与表现美的过程,从中发现幼儿对于认知世界和内心体验的综合性表达方式。从这一点来说,美诉课程是为幼儿"创造新的表达途径"而设立的教学手法。

真实的感知对幼儿学习的重要性毋庸置疑,美诉课程中的经验唤醒路径,即在多领域整合教育过程中,为幼儿提供充分真实感知的通道和机会,它是幼儿学习过程中的心理感知与身体表达对应达成的学习对称。对于美诉课程来说,这一点尤其重要,无论是根据建构主义学说的知识建构理论,还是依据大量的幼儿个体观察实践,我们发现,经验唤醒的这一步骤认识对于美诉课程的学习不仅有着基础性的学术价值,而且对于实际的操作也有着重要的指导意义。

(一)经验唤醒的概念

经验唤醒是指对幼儿已有审美体验与感知的重新召唤。从心理学的角度来看,这是由感知觉引发的经验再现,在美诉课程里,是将幼儿已经获得的经验唤醒并走向审美获得的过程,即通过将幼儿已有认知激发而达到运用旧的知识技能去表现新的主题的审美表达,从而建构起自身在不断调适后的新经验知识体系。

借助心理学的概念,经验唤醒可以分为两种情况,即被动唤醒和主动唤醒。被动唤醒是通过他人的启发或引导将已有的知识经验再现,即"唤醒";主动唤醒即"觉醒",通过幼儿自我召唤形成的新旧认知的联结。如果说在被动唤醒中幼儿处于"被叫"的角色,那么在主动唤醒中幼儿则处于"主叫"的角色。无论是哪种角色,在美诉课程中都具有重要的意义,即将"幼儿置于参与体验与表现的中心",也就是说,无论是通过哪种方式,幼儿参与才是重点,是目的。

1. 经验唤醒的基础:有经验可唤醒

经验的重点是"唤醒",即教师要通过各种方式将幼儿已有的知识实现再现与联结。在幼儿生活积累中,经验不断地增加,如果这些经验不被经常"唤醒",那么许多重要的知识和技能将被淹没在日常生活中而成为"断层"。

所谓经验可被唤醒,即教师要注意幼儿已有经验的获得,掌握每个幼儿的已有经验情况,使他们在参与学习活动的过程中能不断地再现已有经验,从而使经验唤醒成为常态。

大班进行关于幼儿园的主题,在经验唤醒环节设置了集体活动后的调查问卷《我最喜欢幼儿园的……》,这就是幼儿有经验可以被唤醒的具体案例，通过谈话、讨论到幼儿用画笔画下自己最喜欢的幼儿园的某一处，并再用画笔说说自己的理由，在这样的表格中，教师看到了幼儿喜欢的地方和最真实的理由，还看到了幼儿用画笔记录下的真实情况，这也反映了幼儿对生活学习三年场所的细节关注。

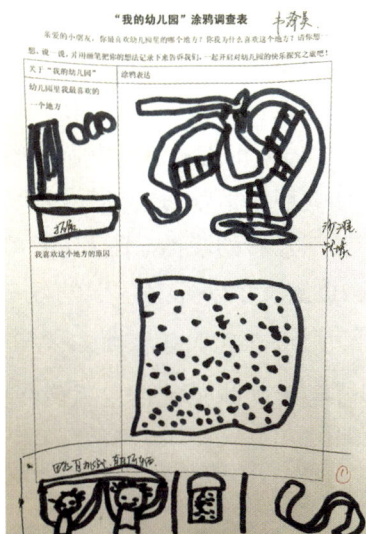

图 4-1　经验唤醒：幼儿表达最喜欢幼儿的地方和原因

幼儿说："我喜欢幼儿园的沙池、拓展和战壕，因为那里有很多挑战，特别好玩。"我们再去看幼儿的作品，他们画的沙池、拓展和战壕，都把现场的环境设置材料表现得非常清楚，其喜欢的原因也分成了同伴、材料和挑战等三项内容。这就是所有活动的开始，以幼儿为主体设计开展幼儿喜欢的活动。（见图 4-1）

2. 经验唤醒的起始：诱发存在经验

有了以上的认识，我们就可以将经验唤醒作为教师日常教学工作的重要组成部分。经验唤醒的最开端是调查与了解幼儿的兴趣和经验，这是重要的教学起点。诱发已存在的经验有两个重要的因素，一是新发起的学习活动接近或部分接近幼儿已有的经验区（最近发展区），以便于在新的学习过程中，教师提出的认知要求能尽量接近幼儿已有经验并超越它们。二是呈现的形式能激发幼儿的学习兴趣，使原有经验被唤醒和调动成为可能。

3. 经验唤醒的过程：新表达需求的开始

对于幼儿的学习来说，经验唤醒只是开始，或者说只是新学习的起始阶段，但我们需要把经验唤醒的过程作为新学习的一个重要过程来看待，而不是被动等待学习的下一阶段出现。无论是主动唤醒或被动唤醒幼儿的经验，同伴和教师始终是最重要的人为因素，故新需求的开始也只有通过最活跃的人的因素参与，才能获得幼儿新经验需求的实现，这也是关于经验唤醒的重要认识与实践基础。

还是大班进行的《我有一个幼儿园……》主题,在经验唤醒环节中还设置了实地再参观幼儿园里特别的地方,预设了幼儿数字拍摄"我看到幼儿园的样子"和艺术活动"画画镜头下的幼儿园"等,这一系列的活动让天天在幼儿园生活学习的幼儿再次发现熟悉环境里的陌生,教师诱发的幼儿经验和新经验的唤醒,不仅让教师了解了幼儿眼中的幼儿园和幼儿的表达现状,也激发了幼儿对生活学习三年的幼儿园进行再认识的兴趣和好奇心。

（二）经验唤醒的意义

经验唤醒是美诉主题最终实现表达这一表现目标的基础,是幼儿更顺利地运用新认知进行创造的基本和必要条件。这不仅是一个引导幼儿用言语的表达进行学习外显的教育行为,更是尊重幼儿的年龄发展特点实施教育的教育理念。因此在主题开展中经验的唤醒是教师有意义的教育高级行为,通过教师科学地引导,调动幼儿已有经验和属于自己特有的表达方式,在互相作用下共同了解和深入探究相关主题内容。经验唤醒作为基础性路径,对于教师而言是科学了解幼儿的兴趣、需要和最近发展区的过程,对于幼儿是重新发现自我、肯定自我的过程。这两者相互依存,不能割裂,是由此及彼的一个整合性发展过程。

例如大班关于树的主题,在经验唤醒路径中,教师在调查表中设置了五个空格,一一对应材料、形状、花纹、气味和颜色,与这五项内容相对应的,是提示幼儿使用触觉、味觉和视觉去感知发现身边各种树的不同。幼儿到底会如何完成这样的表格,又会发现什么,这都是教师未知却又必须了解清楚的大班幼儿关于树的经验和学习的经验。从调查表的分析中可见幼儿关于树的经验有:第一种是外在显性经验,通过回忆直接记录在表中,如长椭圆形的树叶,几乎每一张表格中幼儿都有画到。对于不太确定的形象,会在生活中去观察发现或是通过观察回忆的方式记录。第二种是关于树的表达记录,幼儿的符号替代能力强大,所见各种不同的外形都可以用各具特色的点、线、面组合完成。第三种经验是对于树的语言表达能力,从"咖啡色、淡绿色、深绿色、浓香味、泥土味"等记录词来看,幼儿使用简单的外显词语比较多,而对于情感联想和描述能力尚未体现。幼儿对多种树木探究的表达方式一是多合一的表达,二是对单一树木多角度探究。

从这两种表达方式使用频率前者多于后者,可见大班幼儿见过的树比较多,后期教师需要跟进的是树的类型和拓展树的外形;另外幼儿在单向深度学习的方式上,还需要教师引导,进行主动探究,发现单向探究的乐趣。

小结以上三种树的经验和由调查表显现的学习方式经验,教师在主题中的分析起点也从这些开启:丰富并拓展树的经验和树与人的关系,鼓励幼儿使用单向深度学习方法去探究树的秘密,并运用这样的方法去实现对自己的树进行"美诉"的过程。由此我们可以清晰地看到,教师是在了解幼儿经验后才能有依据地设计更科学、更符合幼儿最近发展区的各项活动。

（三）经验唤醒的目标

1. 多基础,真感知

多基础是针对幼儿个体差异而言的,每一个幼儿都有自己的特点,他们的已有经验各不相同,接受新事物的能力和程度都不一样;但无论运用什么样的方法或策略,让幼儿在参与活动的过程中获得自己真实的感受是重点,也是开展活动最重要的目标。故建立在多个基础之上的经验唤醒活动设计将会给每个幼儿带来机会,让他们在充分的时间、空间与材料中探索,在真实的感知中获得真实的经验和情感,并将其外显表现给其他的同伴和教师。

2. 积素材、备经验

每一次活动都是一种或多种经验的积累,开展活动前,教师尽可能将设计贴近幼儿,将各种与幼儿有关的素材积累起来,并在活动中有序地呈现;同时让幼儿通过教师设计的活动不断地积累新的体验,并将它们通过不断地唤醒形成新的经验,以此推动幼儿审美能力的发展。

（四）经验唤醒的实施策略

1. 具象唤醒

通过第一信号系统,即以具体实物为工具或者互动对象来实施,比如去探究风的存在、体验树皮的触感等。

在小班《我和风儿做朋友》美诉主题中,经验唤醒阶段开启方式是这样的:组织幼儿感知风的存在、回忆探究风的形态、说说风的感觉、画画风的样子,与老师与同伴一起玩玩、摸摸,闻闻风的味道、说说风的样子。家园合作用数码相机把风儿和小朋友做游戏的场景拍摄下来,和家长一起体验风中的游戏。

2. 语言唤醒

通过第二信号系统,即以语言为工具实施,通过阅读、视听、讲述的方法将已有的经验进行表现。

中班"多莉,去哪儿了"主题活动中,年级组进行了以问卷调查形式开展的经验唤醒——关于对鱼类的认识。各班之间对调查问卷的内容和形式稍有不同,

图 4-2 拍摄风儿和树叶做朋友

有的班级在主题开展前发放调查问卷进行亲子回答与记录,回忆已有认知,幼儿语言表述,家长记录;有的班级在主题起始进行了区域相关书籍的提供和谈话活动,根据谈话的内容再发放调查问卷了解集体活动中未发现的经验;还有的班级通过组织幼儿参观海洋馆,观看视频与海洋科普视频等再现的形式,通过幼儿边看边说,记录下幼儿已有经验和兴趣点及可知却暂时未知的经验。这样安排的好处是除了以幼儿个体参与的形式外,还有以群体参与的形式促进幼儿经验的积累与外显,而这些经验在开展同伴交流的过程中能得到很好地分享。

3. 以问题为导向的动机唤醒

抛出幼儿感兴趣的问题,以此为源动力激发幼儿主动地运用具象、语言等手段,自主探究问题根源,这是经验唤醒中非常宝贵的一处伏笔。

幼儿对大班树主题活动非常感兴趣,他们以树叶为媒介,用墨汁泥片对树叶叶脉拓印。每次区域游戏时间的拓印区总是挤满了人。为何幼儿如此喜欢观察叶脉,与幼儿交流后发现幼儿觉得树叶很神奇,常见的叶子下还有不一样的一面,更因为幼儿可以自主全身心地投入参与发现之旅,这样的参与、发现的过程是幼儿对已有经验很好的再认知。

幼儿说："叶子身上的叶脉就像人的骨头一样，叶子还有肉肉吗？"幼儿这样的提问是何其宝贵，教师及时给予了材料支持，有显微镜、捣叶石器、透明的瓶子、颜料、记录单等。通过显微镜的观察后，幼儿说："桂花树叶像海绵宝宝！"他们用捣叶石器捣碎的叶汁做成了纯天然的指甲油，用透明瓶子和颜料发现了吸收的过程，发现叶子里有许许多多的色素。通过各种辅助工具吸引孩子去观察，借助各种手段去了解树叶是什么，是怎么形成的，有什么作用等。

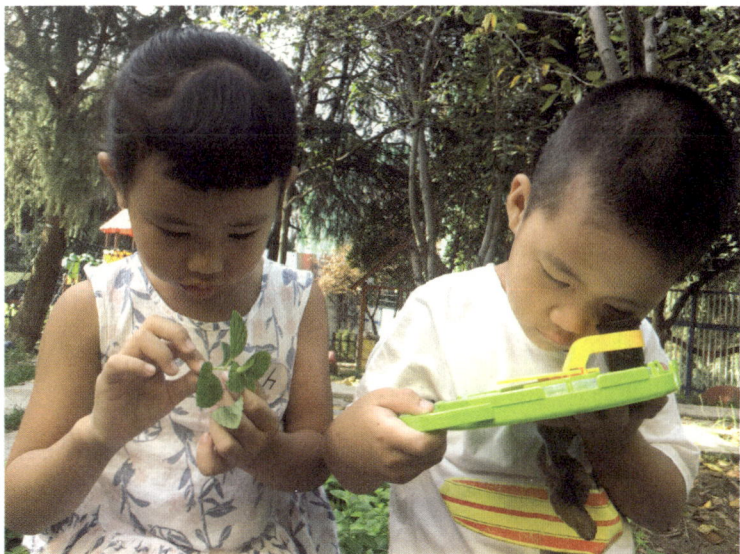

图 4-3 用触觉视觉加上工具观察有"味道"的树叶

美诉课程的起始就是教师对幼儿的经验唤醒。幼儿的经验是以幼儿为主体来开启活动：现在有哪些经验？经验有几分程度？可以向哪些方向发展……教师应该通过教育的作用，努力将幼儿的实际发展水平与潜在发展水平之间的距离拉到最近。在此环节中教师支持幼儿探索、感知、回忆、表述等，唤醒幼儿的对主题事物的经验，同时也了解幼儿的已有表达经验，并在多方式多途径的唤醒教育活动中为幼儿组织平行互动与相互学习的机会与平台。因此，在经验唤醒的教育方法中并无统一的通用性的操作流程，我们支持各种以感知为主导下的百花齐放并个性化的合适方法。

二、通道建构

(一)通道建构的概念界定

通道建构,是指为幼儿参与并获得审美体验建立新的途径。它是紧接着经验唤醒而开展的一个学习步骤,也是创建与创造的核心部分。

通道,指的是学习的通道。幼儿开展学习可以是多通道、多节奏,甚至是多层面的。建构通道的价值在于帮助幼儿拥有更多的学习路径,从而完成学习可能,达成学习目标。

1. 通道建构的基础:认识幼儿学习的多元性

幼儿只要有可能,就会整天玩游戏,游戏的丰富性与创造性都是未知的,但可知的一定就是游戏性学习是多元的。因此在课程建设中,有意识地进行通道的建构首先是教师对幼儿学习多元性的认同。这是美诉课程作为课程开展而不作为单课来开展的重要原因,除了集体活动外,学习方式也是幼儿建构新经验新知识的重要部分。通过第一、第二信号系统通道的完整建构,帮助幼儿形成新的学习通道。

2. 通道建构的过程和结果:体会学习的愉悦性

双重编码理论指导下的通道建构,一方面是尽可能多地开放各种感觉器官,另一方面是运用语言与其结合的方式建构新通道。通道建构的过程,也是幼儿参与学习并发现的过程。无论是多数量的方法可能性,还是多层面的学习层次性,或者多形式的参与丰富性,都指向同一个重要的靶心:幼儿参与学习活动的主动性与积极性,并能从中获得参与体验的成功与快乐程度,建立自信和探究兴趣。这种主动性和积极性是由丰富的多元通道提供支持的,而快乐的体验则是由学习的收获感而形成的。

(二)通道建构的意义

1. 通道建构的理论意义:形成幼儿自我学习多元途径的萌芽

游戏是幼儿最重要的学习方式,也是其各方面发展最主要的源泉。游戏中形成的主动学习是孩子最可贵的自我学习的开始。这样的开始,需要教师建构的是通道的开启,从而使之成为可能。另外,当幼儿想要去完成一件作品,却不知如何表达的时候,教师还需要提供多种通道的感知体验,这就是幼儿自我学习的多元途径与多通道共同开启的意义。

2. 通道建构的教育意义：完成幼儿美诉课程实施的多种可能

幼儿的发展从诠释具象到更高阶段的表征，是一个逐步实现的过程，从简单的模仿慢慢转移至较为精致的扮演及其他的制作，这是多元表达的呈现，也是完成幼儿美诉课程的多种可能的阶段。在此阶段教师鼓励幼儿回忆提供各种可发展性的媒介与材料，提出相关的问题，建构第一信号、第二信号的多感官通道，完成课程中的各种可能性，这是一个由聚到放的集合环境。

3. 通道建构的未来意义：开发新学习途径的个体实现

我们常说幼儿园的教育不是简单的快乐，而是有深度的学习，而学习效果的提高是有关键性飞跃因素的。这就需要通过充分调动幼儿感知觉通道来进一步实现。通道建构体现学习成效性的作用，也就是通道建构路径执行得越是到位，幼儿学习方式更多、学习更自主、学习效果也会更好。

（三）通道建构的目标

湿漉漉的春天，小班的幼儿，到室外用肉肉的小手接接雨水，提着小桶听着雨滴答滴答、噼啪噼啪掉落在水桶里，快乐地踩着水坑哼着歌曲，好不热闹的场景，这就是小班美诉课程中的活动场景。（见图 4-4）

图 4-4 孩子们拿着袋子接树叶滴下的雨水

拿着各种工具是触觉通道,听雨声是听觉通道,踩水是运动觉通道,看到春雨落在树叶上、草地上是视觉通道。而在教师有目的引导下,幼儿多方面关注,同时开放多种通道,既听到叮叮咚咚的雨声,又看到雨落下来的状态,还可以玩一玩、踩一踩,那么他们对春雨的体验将会更加深刻有效。

1. 提升感知敏感度

尽管通道建构由教师组织,但活动源发起者始终是幼儿。在通道建构过程中,由于我们无法精准判断幼儿的经验哪些是未被运用的,所以教师要有意识地引导幼儿尽可能多地使用已有经验,以利于原有经验的唤醒、触碰、联结并形成新经验,让各种感觉器官在多方刺激下提高敏感度。

2. 拥有立体学习的思维

一个游戏一个问题一件事,都不是单一的,由组成到完成的过程也应该是立体多维的。幼儿在游戏学习活动中使用自己已有的方法,教师采用授人以渔的方法,通过通道的建构逐渐引导幼儿学会举一反三,培养孩子立体学习的思维。

(四)通道建构的实施策略

1. 通道开放与通道建构并行

通道建构的过程包含两个部分:通道开放和通道的建构。在通道建构前,首先要与幼儿一起将通道开放,也就是说,从美诉课程实施起,幼儿对于主体的认识是需要成人用幼儿的眼光拓展幼儿的认识与表达的。通道的建构在开放后的基础上,借助鹰架理论帮助幼儿进行小步走的体验与成功的探索,为后期的多元表达、材料使用与创新表达搭桥建梁。

在大班"我有一个幼儿园……"的主题经验建构中,教师从了解幼儿对现在幼儿园的整体结构的表达,到开放对所有好玩的幼儿园的认识,其中有对屋顶、楼梯、大厅的拓展功能改变认识;也有对特别的农场幼儿园、森林幼儿园的认知等,这些通道的充分开放,大大拓展了幼儿的通道建构与学习空间。幼儿受视频、图片中的那些幼儿园好玩的地方等信息刺激,结合自己幼儿园,进行有可能的改造想象,再借助材料的实践与探索,如此完成一个通道的建构过程。例如图 4-5、图 4-6 中幼儿表达自己想对幼儿园的大门进行改造,变成皮卡丘的外形;对幼儿园弯弯折折的楼梯进行改造,变成可以走路上来、滑梯下去的有趣楼梯，等等。这些都是幼儿对幼儿园喜爱之情的再表达，也是实际与想象的再连接。

2. 根据年龄特点选择适宜通道

适合的通道才是幼儿适用与需要的。针对小年龄小的以生动的图像和实物为主，年龄大的逐渐增加语言分量。（见表 4-1）

表 4-1　教具准备

通道建构的教具准备	小班	中班	大班
	家园准备实物＋图片	实物＋图片＋音乐＋书籍	实物＋图片＋音乐＋书籍＋其他想到的材料

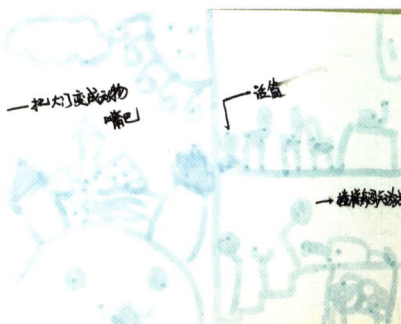

图 4-5　小朋友设计的幼儿园大门变成动物和嘴巴

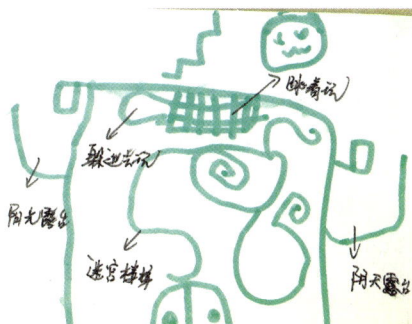

图 4-6　小朋友设计的楼梯，可以捉迷藏

基于幼儿的年龄特点不同，即使是相同美诉主题下的通道开放与建构，侧重点都会有所不同。小班幼儿通道开放与建构中涉及到的音乐活动、美术活动、健康活动较多，中班通道开放与建构中更偏重于幼儿的语言领域。虽然两者都有共同的美诉主题，都支持幼儿的视觉听觉的双通道开放，但侧重不同。比如美诉主题"风"。（见表 4-2）

表 4-2　小班和中班通道的差异

美诉主题:风		
	小班	中班
通道开放与建构的内容	音乐活动:《风儿》 美术活动:《风的表情》 健康活动:《追风》 表演活动:《风儿》 ……	语言欣赏活动:《风》 语言创编活动:《风》 综合表演活动:《风儿》(诗朗诵、集体吟诵等) ……

3. 循序渐进开放通道过程

通道建构是各通道逐渐开放的过程。幼儿阶段的注意力无法进行过多分配,不宜把所有的通道同时打开。

我们从中班衍生美诉课程《我是美人鱼》通道建构活动,看计划与变化中的教学具材料通道的不同准备。(见表 4-3)

表 4-3　通道建构中的计划调整

通道建构	经验点	原计划	变化调整
与人同高的美人鱼的设计稿	测量、社会	提供幼儿身高等同的纸张,幼儿协商分组进行设计。	幼儿的问题是:如何才能画和"我"一样高的美人鱼呢?幼儿的方法有很多:站在太阳底下画影子、躺在纸上画人形轮廓、穿着美人鱼的衣服躺在纸上画鱼形轮廓等。过多的想法同时打开,给幼儿筛选、判断带来干扰,因此需要根据不同的特点进行分组完成。
调整后	1.分组:根据幼儿社会性发展组织同质小组,分享同伴经验。教师无需花时间去解决,幼儿根据需要自行调整分配组队即可。要关注个别幼儿。 2.材料调整:原计划的材料明显不够,教师调整了场地、画笔和服装。场地调整到户外且阳光充足,便于幼儿选择影子的幼儿获得。画笔类型:彩色笔、粉笔、记号笔等;纸张增加颜色:白色、蓝色等;另外还需要增加美人鱼服装。		

续表

调整中的实时情况	一人站着一人画影子	整个人躺下沿边画
具体通道开放	原计划使用单一的视觉通道。幼儿调整后的通道顺序为语言通道在先(商议和决策);再开放视觉通道、听觉通道;最后感觉通道和触觉通道一起进入。整个活动中,通道循序逐步开放的原则。	

教师有准备地组织进行通道开放和通道建构的活动,对幼儿遇到的问题随时进行追踪,必要时提供支架的帮助。在幼儿进行表达的运用上,除了运用语言符号以外,更多地倾向于运用各种视觉、听觉和身体动作等艺术表现性符号。这就是我们在双重编码理论支持下的通道建构路径。通道建构让艺术赋予了幼儿内部经验以更为丰富的表达和创作形式,有效促进了幼儿对真实感知的产生和变化的全过程进行表征表达。

三、多元表达

(一)多元表达的概念界定

多元表达本意指的是用多形式多维度多信号来表达自己。美诉课程中的多元表达从教师角度说是指教师用多元的信号促进幼儿表达、激发幼儿兴趣、提升幼儿能力。从幼儿角度来说是幼儿用多元的方式方法表达自我的经验以及新经验的外显。这就包含了两个要素,即多元的基础与表达的多元构成。

1. 多元的基础:提取与更新

经过经验唤醒与通道建构,幼儿积聚了大量的表达能量,可以随时提取并更新外显。新经验的表达由幼儿自主发起,美诉课程的特点也将在此环节进行放大。

2. 表达的多元构成:情感链接下的个性新经验呈现

对美的感受与内化,对诉的表达与外显,在对表现对象进行深入全面的了解并知晓后,将情感与技能融合,视觉、听觉、感觉多通道交汇。

主题中幼儿在对美充分感知和理解的基础上,使用美术工具和媒介,开启与美诉的对象之间的情感对话,运用美诉的形式进行美的表达与创造,其形式多样,媒介丰富,且富有个性化。

3. 多元表达的分类:美术表达与语言表达

在第一章多元表达策略中已有涉及,此不赘述。幼儿美诉主题中美术表达是不可或缺的活动形式和表达形式,美术表达可以单独出现,也可与语言表达同行整合。它们之间没有固定的比例界限,以支持和满足幼儿真实表达为最终目的。

图4-7是幼儿的水族馆作品,视觉能看到的即是幼儿的美诉表达。在此背后还有幼儿对水族馆的故事表现:美人鱼公主们和海洋中的小动物们快乐地一起生活。看,有一天乌贼先生变成蓝色绅士先生,它说:"美人鱼公主们,我不想成为大家眼中乌漆墨黑的代表,你们帮我去说说吧!"海豹先生听了大笑道:"怎么可能,你以为换了蓝色的衣服就能改变你喷墨的本领?"乌贼先生很无奈,小鱼们游过来说:"别着急,乌贼先生,我们都很喜欢你,上次你还用墨汁救了我们呢!"……听着,幼儿同伴对自己作品的讲述,谁? 非常地惊喜。幼儿把认同自己、认同同伴的认知方式用童趣的语言以及美术作品惟妙惟肖地结合起来,这样的表达没有预设的期待,却拥有很多的惊喜与惊讶!

图4-7 幼儿水族馆作品

（二）多元表达的意义

1. 多元表达的理论意义：系统的相互影响

人的出生到生命终止的全过程，都具有独立存在的制作系统、知觉系统和感受系统。制作系统的产物是行动或行为，知觉系统的产物是识别或区别，感受系统的结果则是情感。这三个系统从最初的各自独立，之后慢慢互相影响且影响越来越大，直到各个系统互相包含和融合。当三个系统处理相互融合、协同合作，幼儿的情感与表达才能得以发生。

2. 多元表达的现实意义：知、情、意的立体个体表达

幼儿乐于享受自己将想象与艺术表达进行结合的过程。当幼儿对自己意志无知状态时，他们的表达是自然随性的，当他们的意志和能力越来越强大地介入表达后，他们的表达除了保持着某种自然特性外，还蕴含着美的特质。从经验唤醒到通道建构是为了促进幼儿对美诉主题从知、情、意等多方面实现立体、完整、个性地表达。

（三）多元表达的目标

1. 用适合的语言感知、表达世界

由于幼儿发育和发展进阶具有高度的复杂性和个体差异性，再加上家庭等多种原因，幼儿在某一年龄阶段中所具备的表现与表达能力差异是比较大的。美诉课程实施的目的，一方面是缩小这种差距，尤其是对一部分处于正常发展水平之下的幼儿的能力培养与习惯养成。另一方面，又要较好地保护他们的个性发展，使每个幼儿从小具备良好的独特个性和表现客观世界和事物的能力。

2. 帮助幼儿认识表达独特的自我

如果我们把幼儿的内心世界看成一个核心的话，那么由里及外的认识世界可以分为三个层面：喜爱并热衷的事物，身边熟悉的事物，经历过但不熟悉的事物。值得一提的是，在幼儿的认知世界中，除了现实的可见世界，还存在着一个不可见的"想象的世界"，他们愿意相信故事里的事都是真的，相信玉皇大帝和白雪公主，这也是那些童话与绘本成为幼儿成长的好伙伴的重要原因。

虽然我们无法得知幼儿这两个世界存在的比例,但天生真实存在的"艺术感知"让我们知道,研究孩子的想象,就是带领孩子从小拥有想象力,相信真善美的力量,并培养其具有以科学的态度解释生活中的现象,以艺术的态度感知生活的人和事,并能在日常生活中将自己的感知适时表达出来的重要能力。(见表 4-4)

表 4-4　幼儿认识自我的奇特世界示意图

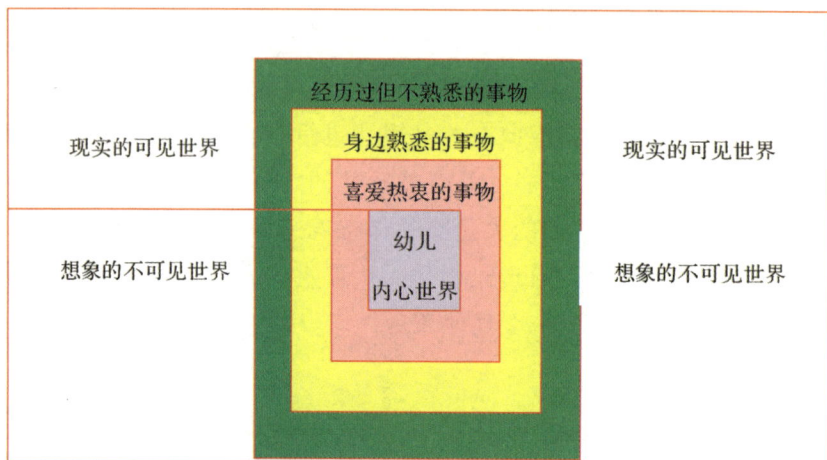

(四)多元表达的实施策略

1. 基于幼儿的主动发起问题

据上述,鼓励幼儿以美诉途径表达内心感受、表现感知的外部世界,须明确幼儿可以通过哪些角度、哪些方法去表达和表现,即研究幼儿通过某种方式外显为他们的感知与感受。接下来我们探讨美诉途经下的表达多元性从何开始。在美诉课程中从 PBL[①] 导入开始。在美诉课程开启前,教师非常明确的是以支持幼儿的一百种语言开始,但如何开启幼儿的一百种语言呢? 我们运用了 PBL 导向法。问题导向学习法是将原本以教师为侧重的教学流程加以翻转,成为以幼儿为中心,整合学科的学习模式。美诉课程中支持幼儿表达的一百种语言就是跨学科且以幼儿为中心的多元学

---

① PBL:problem-based learning,PBL。1969 年加拿大的 McMaster University 首度提出的问题导向学习法。

习模式。

中三班这天正在进行语言活动"它是谁",教师请幼儿在欣赏了诗歌后,幼儿 A 立刻说:"风儿和我做朋友!"幼儿 B 说:"风儿和船做朋友,可是船被刮走了。"

幼儿们不由自主地讨论起来,"风儿,还可能和谁做朋友? 它来了或者它离开了,它们又会怎么样?"(PBL 开启)

教师在一边静静地观察着幼儿,幼儿们自主进入区域中,有的拿出笔,有的和好朋友一边摇动身体一起说着什么……让我们来看看孩子们的涂鸦表达吧! 借助涂鸦,幼儿对作品的解说特别有诗意。(见图 4-8)

2. 方案教学的跟进

主题路径的确立是主题行进的方向标,在行进过程中如何以幼儿及其发展为中心支持幼儿的活动,与以往的主题活动不同的是,美诉主题中不仅有传统的教师准备的活动,还有教师未准备的未知活动的重要部分,这一部分我们说它是方案教学①(下文具体讲述)。这是传统教学与方案教

风,吹走了船只;风,吹起来海浪;风,吹断了大树。　风来了,气球飞走了;花瓣掉下来;草莓掉下来;火龙果吹转起来了;小风,把小草吹晃了脑袋。

① 方案教学是著名教育学者克伯屈(Kilpatrick)所倡导的教学方法。

泡泡吹起了，气球吹起了，风筝吹走了，树叶吹飞了，门吹开了。

风娃娃和花瓣、香蕉做游戏；小小龙卷风和树叶在跳舞；风，吹弯了树叶。

图 4-8 开启幼儿的想象力

学相结合的主题活动，在主题活动中我们不计较传统教学与方案教学的比例多少，更注重在教师发现幼儿需要的时机与发展的过程。借鉴简楚瑛教授的看法，方案教学至少有以下五项要素：(1)方案教学是一个目标导向的教学方式，而问题解决是每一个方案的终极目标，应用方案教学之教育目的即在培养学生解决问题的能力；(2)方案教学强调"步骤性"问题解决的学习过程；(3)方案教学强调学习活动对学生的意义性，引发学习动机是教学的第一步骤；(4)方案教学强调"做"的要素，是"做中学"和"问题解决"的具体运用；(5)方案教学强调"思考"的要素，整个方案探索活动就是学习者不断思考的历程。

参考方案教学的五个环节：在方案教学的实践层面，Chard（1998）特别以五项结构式特性来说明之，分别为讨论（discussion）、实地参访（fieldwork）、表征发表（representation）、探究调查（investigation）、成果展示（display）。Chard 所提出的五项结构式特性，正是方案教学的五个基本元素。（见图 4-9）

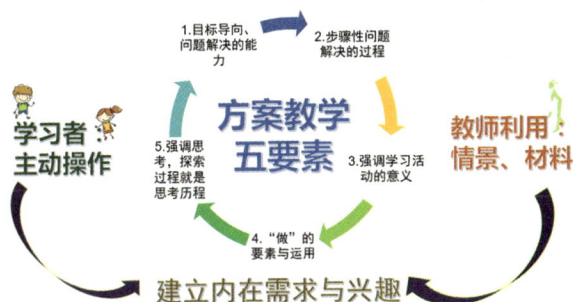

图 4-9　多元表达中的方案教学

（五）多元表达的分类

多元表达就是幼儿的"成果展示"，是呈现学习者思考和探究的历程与结果，借由成果展示，学习者得以回顾检视自我的思考历程，同伴间也可以借此检验彼此的学习。美诉主题中我们基本分成涂鸦表达、手作表达、塑形表达、整合表达四块内容。接下去我们再回到大班设计树屋的前方案教学，从设计到实施，是想象到实践的行动表达，幼儿的多元表达是这样呈现的：

学习者主动参与：辰妈妈的房屋设计工作室活动；

教师利用情景与材料：专业的设计工作室环境与施工现场。

讨论：建筑公司会怎样来建造一座房子呢？

实地参访：幼儿与家长分成小组到辰妈妈的房屋设计工作室参观交流。

表征发表：幼儿带着小组问卷进行交流工作的流程，且达成统一，即讨论对象需要—头脑风暴—分别设计—选择较好方案—一起调整完善—参与施工选材—边做边调整—与对象交流。

成果展示：第一次的成果展示更像是一个小小模型的汇报。请以下是幼儿百花齐放又让成人感叹的经验成果吧！（见表 4-5）

表 4-5　成果展示

 兔宝宝的新家	涂鸦表达： 兔宝宝们的新家在一棵长得像兔子的大树下，当妈妈外出工作时，树洞周围可是有很多带着眼镜的围栏保护我们，再也不怕扮成妈妈的大灰狼了。
 动物旋转屋	塑形表达： 　Q 说，我想做一个树屋边的动物旋转屋，让小动物们可以坐上动作座位开心地游戏。
 小象的家	手作表达： 　辰辰拿着记号笔和一张画纸在一边涂涂画画，设计完设计稿后，又进入桌面建构区，选择了建构区中的乐高玩具，先拿出底板，然后拿出正方形和长方形的乐高玩具，照着设计稿开始搭建。辰辰说："这是小象的家，拱型的地方是拱门，长方形的地方是一座小桥，小象可以从桥这里走进走出。"

问号形状房子

整合表达:

一群孩子在一起商量着,显得十分忙碌,从站立到站到椅子上,再到拉手躺下,最后全体蹲下……看!孩子们用自己的身体变出了一个问号形状的房子。孩子们对这样的房子是是这样解释道:可以让有问题的小朋友住进去,只要在这个小房子里,什么问题都能解决。

四、美诉主题行进的收获

从教与学的主体、相互关系以及发展来进行总结和归纳:

1. 幼儿喜欢表达,表达成为孩子在园生活的一种习惯

幼儿的创作欲望越来越强,胆子也越来越大,乐于表达自己体验到的快乐,逐渐成为了幼儿的一种习惯。

2. 美诉成为幼儿表达、表现最有效的方式

开心快乐的时候"我"手舞足蹈,伤心生气的时候"我"能及时说出来,幼儿在认识世界的起始阶段,他们用自己的方式表达自己眼中和心里的世界,不受太多的约束,这是一种非常宝贵的开始。从第一次小心翼翼地随意涂鸦到有意识有目的性地组合表达,这个过程是一种飞跃,也是孩子思维成长的过程。他们在对自己作品的倾述与欣赏同伴的过程中,获得了更多的交流方法,从而让生活与思维充满乐趣。教师透过作品,作为旁观者、支持者、倾听者,走进幼儿的内心世界。

3. 教师的意识转变,珍视幼儿的作品

每一个点、每一条线段,对幼儿来说都有着特别的意义,所以每一件作

品都是珍贵的。在这些不同的作品中能传递给观赏者不同的信息。作为专业的幼儿教师,我们要善于发现作品本身以及背后的故事,并关注故事的发展。常常看到幼儿站定在某样"不起眼"的大作前指着自己的作品静静地欣赏,幼儿对自己作品非常宝贝,老师也对他们的作品异常珍视。每一幅作品并都带有独特的美感、年龄特点、心理发展、内心需求等重要的信息,珍视幼儿作品,小心翼翼地保存,对幼儿每一幅作品做到:观察、倾听、保护,并作为幼儿成长档案的特别篇,给每一位幼儿建立成长档案,见证幼儿每一个宝贵的成长时刻。

五、大班美诉主题实例分享

"我想有个树屋"是闻裕顺幼儿园两个大班的师幼共同开发的美诉主题。课程历时两个半月,时间较长,其课程领域涉及的涵盖面也很广。我们追随幼儿的兴趣和关心的议题步步深入以多领域感知为基本手段,以方案教学为发现问题、解决问题的载体,通过经验唤醒——通道建构——多元表达路径的循环运用,引导幼儿从"大树"这一个研究对象出发,在不断的感知、质疑、探究中去发现和认知大树的特点。让幼儿对大树的经验、情感进行充分表达表现,创造性地实现"我想有个树屋"的愿望。

在此主题分享中,我们可以看到清晰的美诉课程主题指导的行进脉络。发现幼儿探究行为的发生和发展过程,明晰教师的指导和支持策略,帮助所有教师伙伴理清美诉主题课程和方案教学的概念和实施办法。

1. 主题源起

我想有个树屋是这样开始的……

大班孩子们即将毕业,他们在毕业前谋划着干一件大事,想在自己喜爱的幼儿园中留下有着自己痕迹的更精彩的作品。这似乎是一件非常激动人心的工作,于是大家提议用投票来决定作品的内容,于是恐龙、树屋、房子、机器人、幼儿园、牙齿等主题建议纷纷产生。在这些选题中,"树屋的建造"以最高票获得认可。孩子们立马行动起来:先讨论要了解一下树枝、树叶,还要去看看各种树屋。大家讨论,最后命名主题为"我想有个树屋"。并谈论了最粗线条的方案框架。

2. 美诉目标

(1)通过资料收集、实地参观等多种途径了解树的多样性,知道树的结构组成,了解树与人类的关系。

(2)多方位探究树,观察、发现树皮、年轮、叶脉、形态等特点,并大胆用艺术的形式进行表达。

(3)充分发挥幼儿表达、创造、想象的能力,学习正确使用各种工具的技能,将想到的做出来,促进幼儿间互相合作及多领域整合能力的发展。

3. 美诉主题流程图

教师在方案确定后预设了"美诉主题网络图"和"方案教学班级树的建造"两张线路图,做好整个活动流程的指导。(见图 4-10、4-11)

图 4-10 大班美诉主题网络图

4. 可供探索的资源

相关网站

(1)杭州植物园

http://www.hzbg.cn/

(2)互动百科:树屋

http://www.baike.com/wiki/%E6%A0%91%E5%B1%8B

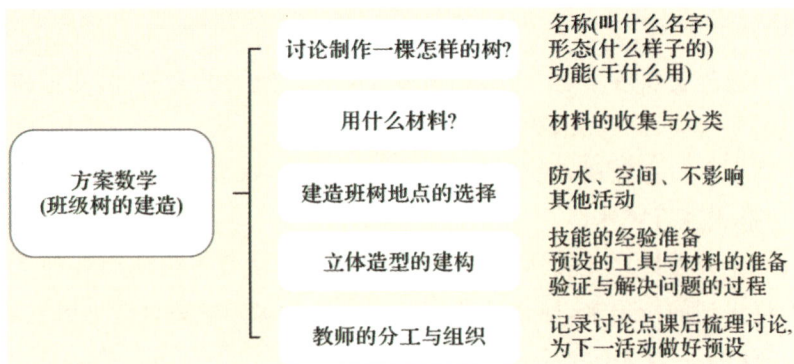

图 4-11　方案教学班级树的建造

（3）树屋大师

http：//video．tudou．com/v/XMTU3ODY5Mzc0NA ═══．html

（4）编织的树叶

http：//baidu．ku6．com/watch/38125691252918875I4．html？page＝videoMultiNeed

（5）中国地理探奇——各种奇妙的树

http：//v．pptv．com/show/YdMHhOxSwgBj4e0．html

参考书籍

幼儿：《想要一颗好大的树》《假如我是一棵树》《全世界500多种树木的色彩图鉴》《一棵知道很多故事的树》《爱心树》《一只蓝鸟和一棵树》《妈妈树》《神奇树屋》《树屋历险记》。

教师：《中国树木》《怎样观察一棵树》《中国树木文化》《榕树下的家》《与树屋做朋友》。

专家资源

（1）幼儿与老师的经验分享：分享身边的树的经验。

（2）园长妈妈：养护小植物的秘诀。

（3）佳欣爸爸（植物研究员）提供树屋的探索发现。

（4）辰辰妈妈（房屋设计师）介绍建造树屋的过程。

户外活动资源

（1）杭州植物园、杭州曲院风荷

（2）幼儿园户外场所

（3）杭州自然科学博物馆

（4）中国美术学院

（5）浙江美术馆

5. 主题活动过程实录（见表 4-6）

表 4-6 "我想有个树屋"主题活动过程实录

焦点活动	活动说明
经验唤醒：了解幼儿对树和树屋的认识和经验。	
调查问卷：树的组成 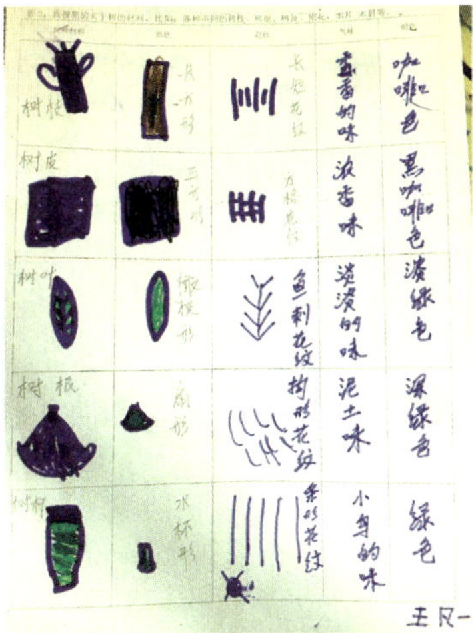 <p align="center">某小朋友的调查问卷</p>	主题开始，亲子完成调查问卷：树的组成。幼儿与家长完成后在班级内进行分享交流，小结共性，发现幼儿兴趣和需要。
谈话交流：树和树屋的图片欣赏  <p align="center">教师与幼儿讨论</p>	教师利用假日前往杭州植物园和曲院风荷拍摄树的照片，且收集树屋的相关图片和视频，与幼儿分享。

续表

焦点活动	活动说明
户外教学:寻找树朋友 小朋友在户外教学中	活动前进行预告,第二天晨间和集体活动时间都将在户外进行树朋友的寻找。 回到教室后,全班创作"树的朋友可真多"儿歌: 树的朋友可真多,树叶树干和树枝; 树的朋友可真多,粉色的花、棕色的土; 还有风儿轻轻吹; 树的朋友可真多,让我来和你做游戏。
通道建构:与幼儿一起综合认知树和树屋的知识,使用各通道进行经验表达为多元表达做准备。	
诗歌:假如我是一棵树 教师在户外进行诗歌感受	户外教学诗歌学习:假如我是一棵树 流程: 站在教室门口的桂花树下,讨论: 它是什么树? 长什么样? 什么季节开花? 它可能会对大家说些什么? 欣赏诗歌《假如我是一棵树》,初步感知诗歌的优美意境及语言美——仿编诗歌,小组结队编一首新的诗歌。 延伸活动:画画假如我是一棵树的创编部分。

焦点活动	活动说明
科学:树叶知多少 洋洋:我的树叶有点像巴掌,但是它比较小,里面的叶脉是从三个地方长出来的。 飞飞:我带来的是松树上的树叶,它们像针一样。	幼儿对搜集的树叶从形状、颜色、花纹、叶脉等方面进行分组讨论交流后,留下了问题:为什么有的树叶一直是绿色,为什么有的会变色? 延伸了区域中显微镜观察树叶的活动和吸水实验。
探究分组活动:神奇的树皮、树叶和年轮 两位幼儿用鼻子感受树叶的味道 小男孩用放大镜观察年轮	幼儿对树的不同部位都有着好奇心;一改传统的组织形式,幼儿自主分组在园所内搜集观察材料——进行观察(工具和感官辅助使用)——分组交流。 幼儿可以对未进行观察过的对象进行观察探究,也可以继续探究原本的对象。

续表

焦点活动	活动说明
写生:树 观察树 观察后树的写生	树的写生为幼儿后期奠定的是美术基础,在写生中仔细观察树的外形,积累对树屋的认识经验。幼儿问:"老师我一定要用画的吗? 我画不好",征询幼儿意见后有的幼儿喜欢用笔画下来,有的幼儿想要用照相机记录,还有的直接拿着一张纸将树皮拓印后再写生。 支持幼儿的多种形式写生也拓宽了幼儿的表达载体,除了表达材料的丰富,更重要的是幼儿有了自己想法后,情感表达更多元了。
社会:奇特的大树 补充活动中的幼儿	在树的写生活动后,补充社会活动"奇特的大树",通过图片和视频的呈现,发现大树的奇特之处,并了解其功能及对人类的作用。感知树与人类的关系,产生爱护树木的情感。

焦点活动	活动说明
阅读:爱心树 绘本爱心树	在绘本阅读中感受大树与男孩之间的情感,回忆自己对树或者树屋的情感,拓展树和树屋的人文功能。 幼儿说:我们能让树像家里那样温暖吗? 有床就很温暖,那么就创生幼儿对床的表达。
欣赏:床 在海洋上的床	自发生成的活动,整个活动过程会特别流畅,回忆床和自己的经验也很丰富。幼儿的想象力打开后,为之后的树屋创想带来了很多美术设计经验。
歌唱:柳树姑娘 集体活动中的教师与幼儿	此活动是教师预设的,是对原有领域的补充,让幼儿拓宽对树的感觉,把树比喻成人,通过感受、演唱、表演,用诗、歌、画多种形式表达对春日柳树形象的理解和情感共鸣。 PBL 问题导入:老师,我们设计的树屋会是男孩还是女孩? 这样的问题激发幼儿的思考。

续表

焦点活动	活动说明
多元表达:我想有个树屋,经验重构、个性表达、多元再现	
艺术:树根艺术  树根作品	通过对树根的欣赏,让孩子们像发现宝贝一样发现了自己。孩子们决定对现有的树根进行创作,让树根拥有生命。 对姿态各异的树根产生探究兴趣,发现其形态美。试着对树根进行创意制作,用自己的方式表现树根之美。使用多种材料的辅助,对树根进行立体包装与改变。 　　左图的树根:用彩色皱纸做材料,被装扮成一个羊头,有点像西藏的羊。
 留下叶脉	想要留下树叶,孩子们讨论了很多办法,用以往拓印的经验选择了拓印树叶的叶脉,材料主要集中在纸和各色铅笔中。 教师为拓宽幼儿的经验,提供了新的材料,泥巴、垫板、宣纸、墨汁等,进行不同方法的拓印。这就是鹰架教学理论的实践运用,对幼儿已有的经验给予支持,使其产生新的知识。
欣赏:树的画  幼儿画的树	走出教室,家长自主带领幼儿参观杭州美术馆,欣赏国画、西洋画关于树的作品—讨论感受—模仿或者创作。 幼儿把看到的转变成自己的。从模仿开始到自己创作。幼儿说:我真的想设计一棵可以玩的大树。

焦点活动	活动说明
PBL 导入方案教学： 我想要一棵好大的树 "藏在"户外一角讨论的幼儿	户外方案教学：我想要一棵好大的树，小组讨论我们组的树可以像见过的什么树一样大？有什么作用？它的朋友有哪些？ 一上午的户外活动终于结束，大家在午餐前聚集交流，幼儿坚持主题前的想法"树屋"。但是不想建造在泥土中。
方案教学：设计什么样的树屋 小组交流设计的树屋	设计什么样的树屋是想象与现实的链接。主要问题聚焦在树屋的功能、外形、材料上。 通过交流和讨论，拓展幼儿的思维，最后确定树屋建造的构思和材料，并由大家分头寻找材料。
材料收集 收集材料并整理	幼儿将各自收集的材料聚集在幼儿园。在材料的收集过程中幼儿非常明确要搜集防水的材料，这样建构的树屋才能在户外使用。 教师与幼儿一起整理归类，这里包含了数学的分类。分类后的材料要进行预估，且设计师们还进行了树屋方案的调整。 遇到了新的问题：怎么把这些材料堆在一起，且牢固地变成一棵大树呢？

续表

焦点活动	活动说明
建造地点的选择 幼儿选择的两处地点	所有的材料都在教室等着了,孩子们发现如果能借一个墙面就能将材料更好地堆叠起来,能固定且比较安全。也有的觉得两棵紫薇树之间也是可以建构树屋的。 分组投票决定,从各自团队的方案阐述到选址进行表达,幼儿们各有所思,小组思考的力量逐渐显现起来。
造型的设计 幼儿交流后给对方组提出建议	两组幼儿的方案得到了大家的认同,然后幼儿间进行了互相提意见的环节,小组再次进行方案调整。各小组既是"对手",又是合作伙伴。

续表

焦点活动	活动说明
分工合作建造树屋 	分工合作建造树屋是方案教学中的重要表达部分。幼儿间需要用语言、符号等记录各自的工作安排，还要协调工作之间的衔接，只有通力合作才能完成。 分工合作中幼儿有碰到他们无法解决的问题，向成人提出了帮助。有的小组请了幼儿的老师、保安、后勤等，还有的小组请了同伴、父母来帮助。在邀请的时候还制作了有趣的邀请单，并以用小组的共同设想去打动每一位成人。
 一棵树屋的分工过程	小团队中又形成不同的小组，幼儿们戏称他们是：油漆工、木工、美工还有监工。 小组合作在分分合合又合合分分中调整前进。 调整中还拓展了树屋的功能，形成了"享玩树"和"快乐屋"。享玩树从不同色彩中表达孩子们快乐鲜明的感受——从外到里都是玩具私密空间。快乐屋既是孩子搜集心情同时还是可以攀登的树屋，当你想玩的时候去房顶挑战一下；当你有秘密的时候，走进树屋写写、画画，送给自己或者送到邮筒，或者塞进瓶子挂到树上……自然有人会去"收信"。

在美诉主题"我想有个树屋"活动过程中，以充分感知为基础，丰富幼儿对树和树屋的感官经验；以体验探究为手段，建构幼儿对树及树屋的系统认知；以多元表达为外显，促进幼儿对有关树屋的美诉。"美诉"过程是幼儿对美的感知、体验和表达表现的综合性过程，这个过程将教与学相辅，紧抓契机以顺应幼儿的活动需求。老师们学会了有效放手，充分发挥幼儿

的主体能动性,通过提供鹰架建构的支持,有效促进了幼儿综合能力的发展;通过环境与材料的及时跟进与主题发展无缝链接;通过自由、开放的活动平台让幼儿更自主、更投入。最终的物化成果展示,也让孩子们欢欣雀跃,大受鼓舞。在两个团队努力下完成的"享玩树"和"快乐屋",既帮助他们在过程中获得认知经验、发展交往水平、提升审美能力,也成为他们自我悦纳和肯定的载体,还为他们后续的游戏活动开展提供了一个很好的场所。主题活动完成后,还经常可以看到孩子们津津乐道地向小伙伴介绍树屋,有的孩子还向老师提出:树屋能否成为快乐星期五打通游戏中的一个"工作场所",通过支付游戏币的形式来进入树屋玩耍……从而真实地将学习、生活和游戏融合在一起。(见图 4-12、4-13)

图 4-12　享玩树

图 4-13　快乐屋

第五章 幼儿作品解读

本章导读

　　孩子眼中的世界充满着诗性和美好,他们表达的每一个痕迹都有自己特别的意义。教育者应以敬畏之心,尊重孩子们用心表达的每一件作品。站在幼儿教养者的角度,我们从了解3～6岁幼儿绘画的年龄特点和审美特点开始入手,认真倾听他们对自己作品内容的描述,对他们在作品中表现出的实际困难或提出的需求予以满足和支持。坚持这样做,慢慢地我们发现对幼儿有了更深的了解,在作品中也越来越多地看到他们在与世界互动中逐渐成长的轨迹。

一向很少画画的小凯，有一天独自一人在区域里画了一幅画，画好后还把作品放到了老师面前。老师认真地看后，说："小凯画的是小绵羊吧？草地上的羊圈里，养了那么多的小绵羊，真是有趣。"小凯点点头。于是老师准备把作品挂起来，可是小凯指着左下角的一个三角形、一个圆形，又问："老师，你猜，这是什么"？"老师猜不出来呢！""哦，这是摄像头和报警器，万一小绵羊打架，或者翻过栏杆逃出去了，那么报警器就会报警，我们听到后就能马上赶过来。"小凯很认真地回答。确实是这样，孩子们作品中的每一个线段、每一处标记，对于旁观者来说可能无意义，但是却表达他们自己的独特理解和创意。将小凯的作品和他自己的描述结合起来分析，我们至少可以获取以下信息：

他喜欢小绵羊（情感）：在作品中可以感受到小凯对小绵羊的喜爱之情，因为他画的羊圈几乎占满了草地，而且羊圈中小绵羊的数量有许多。

他对小绵羊有一定的了解（认知）：他知道羊喜欢吃草，它们一般都圈养在一起，有时候它们会打架……

生活经验的反映（社会）：关于"小绵羊可能会翻过栏杆逃出去"的说法，以及运用监视器和报警器的方法，这就是孩子将自己的生活经验迁移到作品想象中去的典型表现。

"艺术作品的产生，并不是单独依靠作者具有高深的技术修养，主要依靠作者有一个精神饱满和感情丰富的内心世界。"[1]从孩子的一幅作品中，我们可以看到关于情感、态度、认知、社会交往状态等诸多信息，通过追随幼儿的内心世界欣赏到他们眼中的美。因此，正确解读幼儿作品，是每一位教养者都必须去努力学习的技能。

一、解读幼儿绘画的年龄特点

不同年龄阶段的孩子有其不同的绘画特点，想要更专业地看懂孩子的作品，我们必须首先了解幼儿绘画的基本特点。罗恩菲德的绘画心理理论，详细地描述了幼儿绘画发展经历的三个阶段[2]：

---

[1]　蔡若虹（1910.1.26—2002.5.2)新中国美术奠基人之一、著名美术家、社会活动家。

[2]　罗恩菲德(V, Lowenfeld)美国美术教育家，其代表作是 1962 年出版的《创造性与心理成长》(*cre ative And Mental Grouch*)

涂鸦阶段(2～4岁)：这一阶段幼儿的绘画是自由的、随意的。最初开始只是肌肉动作的机械表达，随后才成为心理活动的表征。

前图示阶段(4～7岁)：这一阶段表现出强烈的自我中心倾向，能用自己所画图像表达自己的意图，开始对事物进行象征性的描绘。比如：太阳人，用圆形表现头、身体等，有时候画自己知道的东西，绘画表达跟自己的认知、经验息息相关。

图示阶段(7～9岁)：这一阶段喜欢用线条描述物体形象的轮廓，对事物出现整体的感知，绘画内容受个人经验和兴趣影响，突出自己认为重要的部分；符号和图示在绘画中经常发生变动；开始表现出空间感。

幼儿园的孩子基本处于涂鸦阶段后期和前图式阶段前期，在这些阶段，他们的绘画作品有着一些非常明显的细节特征：

以圆和线条为绘画基本元素

4岁之前孩子绘画的基本符号从圆和线条开始，最典型的有曼陀罗、太阳。中班的孩子从4岁过渡到5岁，他们的图形表达逐渐从圆开始分化，开始关注到某些典型特征，比如人物的眼睛、身体、四肢都是圆形的特点。其次，中班的幼儿对面部五官的关注点还集中在眼睛(有些幼儿在画眼睛的时候会出现卷翘的睫毛；眼珠的细节表达等)和嘴巴，鼻子和耳朵的关注会随着孩子年龄的增长，慢慢地开始体现在孩子的作品中。

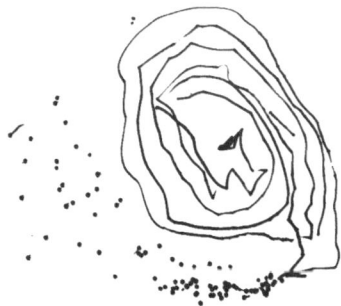

图 5-1　弯腰的人　　　　　　　　图 5-2　我

上面两幅作品中曼陀罗和圆形的绘画非常充分表现出4岁儿童的年龄特点。图 5-1《弯腰的人》中，4岁孩子的绘画特征尚未达到能表现人物

动态的程度,因此作品中出现他们这个年龄段绘画的"曼陀罗式"典型特征,但是我们仔细看也不难发现,曼陀罗式绘画特点在方向上有一定的改变,稍许前倾的表达正是体现"弯腰的人"的动态倾向。图5-2《我》中,人物的头、身体、四肢、眼睛、耳朵都是以圆形为基本图形进行表达,完全符合4岁幼儿绘画年龄特征。同时,这个孩子在作品中还画上了鼻子、耳朵、脚趾、手指,尽管内容还不完整,手指数量还有错误,但说明他的认知正在进一步明晰,在内容表现上已经开始关注细节了。

二、画自己所知道的——透明画

如果你发现孩子画的封闭的木头箱子里有一只小白兔,或者看到画的妈妈肚子里有一个小宝宝,你无需感到奇怪,因为这正是孩子最明显的特征,画自己所知道的——透明画。顾名思义,就是孩子认知到什么,想到什么,他就直观地表现什么。他们在绘画关系中尚未建立空间方位、遮挡关系的表达经验,所以画的往往是自己知道的而非看到的。

图 5-3　妈妈肚子里的我们　　　　图 5-4　妈妈肚子里的我

图5-3《妈妈肚子里的我》中,透明画的特点非常明显,画这幅画的幼儿是双胞胎姐妹,所以在表达的时候就画了两个几乎一模一样的孩子在妈妈

的肚子里。图 5-4 号作品也很有意思,是个男孩画的,不仅体现出透明画的特点,同时会发现肚子里的孩子和妈妈长得几乎一模一样,只不过妈妈多了辫子,貌似以此来区分性别特征。

三、开始出现了地平线画法

中班后期到大班阶段,幼儿的绘画中出现地平线的表达,这是孩子认知空间发展进一步完善的结果。他们对空间的认知逐渐由一维走向二维,因此很多孩子在绘画的时候都会在画纸偏下的地方画一条长长的直线,画面中所有的表达从直线所在的上面开始;也有部分幼儿的地平线不直接用线条表达,而是在作画的过程中从画纸的最下面的边缘开始表达,纸张下方的边缘即是地平线的表达。

图 5-5　春游

图 5-5《春游》中,可以清楚地看到幼儿在纸的下方画了一条黑色的长线条,幼儿所表达的人物、植物都以这条黑色的线为基准,这就是典型的地平线的特征。

四、喜欢对称画法,避免重叠

对称和避免重叠的画法"习以为常"地出现在孩子的作品中,你不仔细关注便不会发现其中的美妙所在。比如孩子在画手指、画花瓣的数量时,你以为孩子是随意画的,仔细观察便会发现,无论怎么随意,其实它们的数

量基本都是相同的。（见图 5-6）

图 5-6

　　这幅作品中人物的头发、地上的草诠释了避免重叠的表达特点,我们可以发现,头发是从头皮开始一根根地往上画,草也是从地平线开始一棵棵往上长的;人物左右手手指的数量、耳朵、身体等都体现了对称表达的特点。

　　了解了这些特点,我们就容易理解低龄段的孩子为什么总是喜欢用大动作涂涂画画? 中班孩子为什么会在妈妈肚子上画出一个小宝宝? 而大部分的孩子,为什么都喜欢把一张纸画得满满的? 当然,我们不会再去要求孩子画非常精细的内容,也不会对孩子作品中不合常理的"错误"横加指责,更不会要求所有的孩子用同一种方法来画画了。

五、解读审美角度下的"观测点"观察

　　"美,指的是能让感官或心灵感到愉悦的事物。"[①]如果说了解幼儿绘画的基本特点可以帮助我们掌握幼儿绘画发展所处的阶段,以专业的角度欣赏幼儿作品、理解幼儿表达、给予相关支持,那么,寻找到对作品精准观察的"观测点",则能进一步发现幼儿作品中的美。反过来,当教育者善于运用这些观测点对孩子们提出表达要求,或者潜移默化地在评价中表现出

————————

① 　心理学家 Kostelnik。

对此的肯定态度,孩子们也能从中接受到关于审美的信息,而对自己提出更高的审美要求。

比如:当我们发现,一个大班的幼儿在人物表达时还仅仅是蝌蚪人的形式(见图5-7),比照幼儿绘画的年龄特点,显然在表达发展上滞后于同龄。那么,我们根据"造型、动态"等观测点的具体表现,比照孩子绘画的年龄特点,寻找出现这个现象的原因,并有针对性地提供支持,同时通过引导观察、语言交流、同伴欣赏、多元表达等各种方式促进其发展。

图 5-7　上课

图5-7《上课》是五岁半的幼儿完成的作品。可以发现:在人物造型上,孩子仍然在画"蝌蚪人",而"蝌蚪人"画法是小班幼儿绘画的典型特点。而在人物动态表现上,他却能准确表达"坐"的动作,这一现象符合大班幼儿表达的特点。通过对造型和动态两个观测点的观察,在通过老师谈话、跟踪观察孩子平时其他作品后发现:本班教师在日常环境、教学活动中习惯用简笔画人物造型进行表达,这对孩子来说是一种潜移默化的影响,在此过程中他们也形成了用简笔画的方式进行人物表达的习惯,所以才会出现作品中的"蝌蚪人"。实际上,此"蝌蚪人"在本质上已经不同于小班时期的"蝌蚪人"了。基于这样的发现,老师们一方面鼓励孩子们保留简笔画的风格,并建议孩子们对动态表现进行改进。另一方面对他们进行人物表达的丰富性上提出更高要求,引导幼儿观察人物、欣赏同伴作品,慢慢地发现孩子再画人物时,对于动态的刻画已经逐渐丰满了。

　　为了更细致地从审美角度解读作品,我们从人物表现、色彩表现、绘画类别、构图、画面布局、装饰表现、语言表达等七个项目中,梳理了21个一级观测点、42个二级观测点,在发展层次上按照由浅入深的程度进行了描述,在实际操作过程中,我们可以通过对幼儿作品各项观测点的观察,同时结合其年龄特点,解读作品中的美。(见表5-1)

表 5-1　幼儿绘画观测点①

项目		观测点	项目		观测点	
人物表现 ⇩	性别	只画男	绘画类别 ⇩	涂鸦	随意	
		只画女			有目的线画	
		男女都画			命名的线画	
		无法区分性别		写实或想象		
	造型	无法区分	构图 ⇩	物体单独呈现,无序		
		蝌蚪人		单一基线		
		躯干分化的人		多基线		
		几何图形的人		透视		
	动态	有		呈现物体前后遮挡关系		
		无		杂乱		
色彩表现 ⇩	数量	无	画面布局 ⇩	有序		
		1～3 种		层次分明		
		4～7 种		布局合理		
		7 种以上		关系协调		
	涂色表现	无	装饰表现 ⇩	是否装饰	有	
		控制力差			无	
		控制力好		装饰方式	图案	
	与实物的关系	无涂色			色块	
		有涂色,与实物无关	语言表达 ⇩	符号	词	
		与实物色彩 1～3 色有关			句	
		与实物色彩 4 色以上有关			陈述	

---

① 此表设计由赵一仑博士提供指导。

运用观测点细化观察

图 5-8　睡睡袋的一家

图 5-8 作品《睡睡袋的一家》,是一位中班幼儿的作品。罗列出其中观测点进行分析:

观测点 1——性别:男女都画。

观测点 2——造型:躯干有分化。头部以下都藏在睡袋中。

观测点 3——动态:肢体无动态,嘴巴是张圆的。

观测点 4——涂色表现:使用单一颜色,无涂色。

观测点 5——绘画类别:有命名的线画。

观测点 6——构图:单独呈现,无遮挡关系,多基线。

观测点 7——画面布局:有序,层次分明,关系协调。

观测点 8——装饰表现:部分装饰,线条装饰。

观测点 9——语言表达:陈述。

通过观测点描述内容的收集,我们可以看到,这位中班幼儿在表达人物的过程中运用了直线、曲线、弧线等不同类型的线条,用力均匀、表达大胆肯定且非常流畅;她已经能将一家三口各自的明显特征加以表现,比如人物的高矮、胖瘦等主要特征,也能表现五官、头发、张得圆圆的嘴巴等细节特征;在色彩上幼儿选择了一种颜色,比较单一;画面有序、构图均衡;从她的语言陈述中证实了特征描述的写实性,其中母亲和孩子的发型与现实不一致,这也许是孩子期待以后能拥有的头发样子吧。

六、在观察中欣赏幼儿作品稚拙的美

"没有审美力是绝症,知识也解救不了"[①],如果教育者对孩子作品中的美无法识别,甚至视而不见,那么任凭他有再高超的教育技能也很难给孩子带来终身发展所需要的持续助推力。孩子的作品美是一种"稚拙美",是他们天然拥有的一种美学特质。稚是稚气,拙是笨拙,这种稚气和笨拙是孩子们把自己最真实的体验和情感,用最独特的表达方式表现出来的美,它能够唤起人们内心最真挚与纯真的感情,从而能够让人感受到这种美。毕加索曾经说过,孩子是伟大的艺术家。他自己终其一生都在追求像孩子一样画画。那么孩子作品的稚拙美具体体现在什么地方呢?

1. 夸张变形的美

夸张、变形是孩子们常用的艺术表现手法,倒不是说他们在学习中学会了运用这种手法,而是对于他们来说,夸张变形的表达能力是与生俱来的,从试着开始涂鸦的那一刻起,夸张变形就常常出现在他们的作品中。这与他们的认知能力以及探索世界的方式有关。因为他们对世界的认知还不够丰富,与外界的沟通更多地依赖于美术作品的表达,因此他们总是"我手画我心",强烈的情感体验需要通过双手来真实表达,所以在表达方式上会非常直观地强调当时的情绪爆发点,以便让人能够一眼就看到。

如图 5-9《我生气了》是两个孩子画的同一题材,他们不约而同地运用了夸张的手法:眉毛竖起来了;嘴巴张得很大,好像在骂人,有的嘴角往下挂,很凶的样子;眼睛瞪得圆圆的,有的气得连头发都竖起来了。让人似乎能感受到当时因为生气而凝固的空气。再如图 5-10,是两个小班孩子画的自画像——《我》,一个孩子把自己的脑袋夸张变形到最大,且面部有生动的五官表现,而身体只有一个简单的长圆形。另一个孩子正好相反,他把自己的头部夸张变形到很小,而身体显得巨大,还进行了线条的装饰,稚拙

---

① 木心(1927—2011),中国当代文学大师、画家。

图 5-9 我生气了

图 5-10 我

的美体现得淋漓尽致,让人看了忍俊不禁。

　　需要引起我们重视的是,这种与生俱来的天赋也许正随着孩子年龄的增长而慢慢流失。因为信息量的不断增加以及表达手段的日益丰富,美术不再是他们与世界交流和自我表达的重要手段,而逐渐被语言以及信息化工具所取代。另外,教养者不当的教育方式将加速流失的速度,比如过分强调和传授作画技巧而使孩子迷失了本真的天性,沦为方法论的操作者。所以我们要懂得珍视、欣赏幼儿作品中天然纯真的夸张、变形之美。

2. 大胆用色的美

"幼儿通过两种方式选择色彩,一是模仿大自然,一是无意识运用,后者最能体现思想和个性"①。大自然的色彩总是以一种最和谐、最美的方式来呈现,而幼儿用色就秉承了大自然的天赋。他们的用色、搭配总是出乎成人的意料之外,总是透露出一种和谐的美,这是属于幼儿独有的色彩天赋。(见图 5-11、5-12)

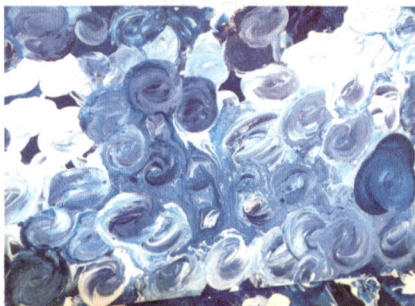

图 5-11 冬   图 5-12 星空

忠实于自己主观感受的用色表达:幼儿对于色彩的明暗度、饱和度、色系、对比色等,他们并不能说上一些道理,也不会根据某些原理去思考色彩搭配的问题。他们选用色彩完全依从于自己内心的主观感受来决定。图5-11是大班孩子创作的"冬",他用了大量的蓝色、白色以及蓝白混合色,形成深深浅浅富有层次景深的画面效果。他用圈涂的方法表现冬天的印象,让人联想到北风呼呼吹的动感,以及雪花一团团飘落的场景。更让人惊讶的是,画面的最下部用了一点点的紫色,与白色混合后变成了淡淡的粉红,让原本蓝白单一的色调多了一些生动感,真是让人惊艳:幼儿绝对是天生的艺术家。

忠实于自己想象创造的用色表达:基于原有认知经验,幼儿喜欢天马

① 法国罗丝琳娜·达维多著《涂鸦解密—幼儿绘画心理透视》。

行空地对关注的事物展开联想，他们每个人所能想象到的东西，肯定是与原型有着很大区别，但是其中又蕴含着原型的某些元素，最终都能让欣赏者因为找得到线索而产生情感的共鸣。图 5-12 是中班孩子创作的"星空"，当今城市的孩子其实很少能够看到夏夜星空繁星点点的模样了，但是一趟旅行、一场动画片、一张图片都能带给他们想象的基础。在这幅作品中，孩子选择了黑色的卡纸做基底，选用了厚重的深蓝色和紫色表现夜晚的天空，局部用立体废旧物品配以白色来映衬，像是一个个涌动的云团。最后还选用了粉色和淡黄色，在色度上以区别背景的厚重，甩出了一条条弧线，拨出了一个个小点，把夜空中明亮的星星、流星移动的轨迹等表现得活泼灵动。整幅作品在色彩选用、搭配等手法上一气呵成，看似随意自然却又无懈可击，这正是幼儿在用色上忠于自己的想象创造来表达的魅力。

3. 真实表达的美

注重主观世界的真实表达是幼儿作品最珍贵的地方。他们画自己想到的、看到的事物，表达自己的认知、经验和情绪情感。他们不在意他人的观点和态度，不在意客观层面的正确与错误，"固执地"坚持画自己内心最真实的东西。真实的东西往往最淳朴亦最能打动人心，让大家与之产生共鸣。

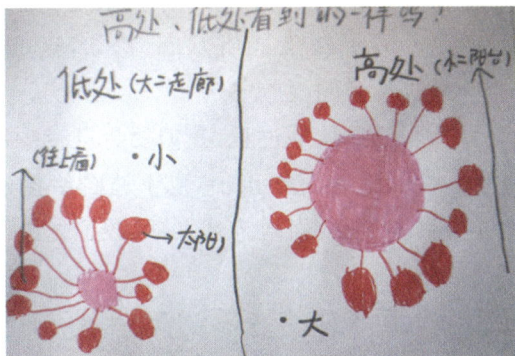

图 5-13　高处看，低处看一样吗？

图 5-13，孩子表述的是对"我们在二楼、三楼看到的太阳大小一样吗"这个话题探索的结果。在孩子的眼中在三楼看到的太阳就是比在二楼看到的太阳要大一些，因为在他们的认知中，三楼比二楼高，因此更接近太

阳,而离得越近,物体看起来就会越大。孩子敢于把自己真实的想法表达出来,不害怕自己错,这也正是我们成人欣赏和认同孩子的地方。

七、解读"发现幼儿"角度下的作品内容

幼儿是最不擅长掩饰的,他们的绘画作品就是最真实自我的表现。欣赏接纳幼儿的每一幅作品,耐心倾听他们对作品的诉说,解读语言背后的作品意义,通过对内在心理语言的猜测分析,努力触摸他们显性或隐性的需求,并及时给予他们适宜的支持,以促进其身心健康发展。

1. 倾听孩子们说的"话"

倾听幼儿的表达、记录幼儿的语言,看似简单的两个步骤却是我们走近幼儿、理解幼儿、发现幼儿的"法宝"。

(1)认真倾听

倾听是一种专业能力。愿倾听、能倾听、会倾听的老师往往懂得尊重幼儿,也会为幼儿喜爱。倾听的重点是做一位忠实的听众,在简单的语言导入之后,教师只需用微笑和眼神鼓励孩子尽可能地多说就好。教师无需给予对或者错的评判,必要时可以用一些语气词"哦!是吗? 真的啊?"等等接话回应以调动交流气氛。当然,在遇到不善表达的孩子时,我们可以设计一些提问性的话题以保持继续倾听状态,比如:这是什么,能告诉我吗? 为什么你把树叶画成黑色的呢? ……

倾听的过程是教师明显退位的过程,我们要尽量减少对幼儿表达的干扰,必须避免运用暗示性的提问误导孩子,也不适合给孩子一些选择性的判断问题,只有幼儿更真实、更全面地描述表达,我们才能获得更为准确的作品信息。

春风温暖、舒适,可是看不见、摸不着,小班的孩子能画春风吗? 你能想象他们画出来的春风会是什么样子的? 你能读懂他们的春风吗? 图 5-14～5-16 这三幅作品就是小班幼儿的作品,我们相信,如果没有孩子们的仔细描述,老师的认真倾听,我们还真看不懂孩子们表达的是什么。但是,听了他们的描述,我们会恍然大悟:哦,是这样的啊! 而且,会觉得孩子们的表达特别地形象和贴切。我们看不懂的作品中其实包含着孩子的认知、经验、情感等丰富的内容,感叹幼儿是天生的艺术家。

图 5-14 春风是一波一波的

图 5-15 春风是旋转的

图 5-16 春风是黑色的

孩子们的描述：

图 5-14：春风是一波波的，有时大大的，有时轻柔的，所以是一波一波的。

131

图 5-15：春风是旋转的，春风是透明的，我用肉色最像透明的。

图 5-16：春风是黑色的，眼睛看不见就是黑色的。

（2）如实记录

语言的说明能够让更多的人看懂孩子的内心世界，也只有当孩子给自己的作品做出解释的时候，才使得他们对世界的表达更具生命力，更容易获得认同感。记录的关键点就是体现真实性，必须如实地将孩子的原话记下来，不改变顺序不加工润色，原汁原味就好。

记录的形式可以灵活多变，比如"贴纸片"的方法，就是将孩子的语言记录在纸片上，然后将纸片贴在作品的某一个部位，对纸片的颜色、形状、大小等要进行必要的匹配。这个方法适用于能够完整讲述的作品。再如"写备注"的方法，就是将短小而零散的表述用连线、箭头等在相应的部位分别进行标注，使人一目了然所描述的内容。这个方法适用于对画面习惯于进行事物之间的点式描述、缺乏关联性的作品。还可以言简意赅地为作品写上名字、多幅作品组合成一个有层次关系的系列等，只要是能够快捷地、客观地、准确地做好记录的，都不失为好的形式。

在记录的过程中，我们一般不要求孩子重复讲述，因为很有可能第二次讲的已经不是孩子的初衷了，但是有一种情况是例外，那就是当孩子出现语言冗长、逻辑混乱、表达不清的时候，需要老师帮助孩子通过多次的梳理、引导、分析、判断，不断调整，重复讲述，逐渐达到清晰表达的目标。

倾听、记录幼儿自己对作品的语言表达是一件有趣和有意义的事情。在这个过程中我们常常会为他们的表达所惊叹，被他们的表达所感动，逐渐在倾听中学会更好地解读幼儿作品，在倾听中欣赏、尊重和接纳每一个幼儿。

2. 猜测孩子们说的"画"

鉴于孩子们"我手画我心"的特点，故每一幅作品内容都有孩子的"心思"在里面，这心思是什么，就需要我们去"猜"了。这种"猜"并非毫无根据的猜，而是依据日常对孩子生活、性格、兴趣、习惯等的观察与了解，结合幼儿作品时表达的陈述来"猜"，通过这种"猜"的方式，在对作品内容进行全方位了解的同时，也探究到了孩子们创作的认知背景、情绪情感、表达需求等。

3. 综合感受与自我设问

综合感受是指当我们第一眼看到幼儿的作品时,那种冲击式的感受和综合性的体验,也就是我们通常所说的第六感觉。第六感觉并不是空穴来风,而是建立在对孩子的生活状态、个性脾气、独特经历等非常了解的基础之上的,再根据作品来感受所表达的内容,大概了解作品的意义。同时,需要调动所有感官,从以下几方面进行自我设问:

* 问感觉——这幅作品想要传达的是什么样的感受(体验)?

* 问技术——画面上的物体大小、形状以及运动的方向是怎么样的? 物体之间位置关系如

图 5-17　我的妈妈

何? 是否存在不同的视角? 明暗色调、线条、造型、表现手法如何? 有无明显的不同于年龄特点的画法? 有无特别有趣的表现形式?

* 问重点——有没有哪个(些)内容是一再被强调和重复的?

* 问意义——对于这个孩子来说,这幅作品可能会隐藏着什么含义?

综合感受与自我设问重点在于要求教育者从内心真正做到尊重幼儿,努力将自己的视角与幼儿的视角平行,用客观真实的眼光去感受幼儿的世界,收集他们发出的信息。比如图 5-17《我的妈妈》,是一位中班小姑娘创作的,初看作品,我们看到的是:

* 妈妈有胡子;

* 身体、四肢都是圆圆的,没有手指;

* 妈妈肚子里有一个宝宝;

* 没有鼻子、耳朵等。

自我设问,我们想到的是:

* 为什么宝宝在肚子里,却是看得见的呢?

* 为什么画的是妈妈,却长了胡子呢?

4. 听猜结合与追问探究

在前一小节说过的"倾听"基础上,进行综合感受与自我设问之后,我

们收集到了来自教育者、孩子以及作品三方面的信息,对于这三方面的信息我们要进行过滤和判断。三方面信息能完全吻合的部分我们可以进行确认和记录,对于听猜不符的内容需要进行深度思考,利用追问的方式进一步展开追踪性解读。再如图 5-17,听猜结合的工作完成后,我们看懂了的是:

绘画年龄特点:这个小姑娘绘画基本符号的使用完全符合其年龄特点,即从圆和线条开始,因为处于中班下学期,所以她对图形表达逐渐从圆开始分化,这就是我们看到妈妈的眼睛、身体、四肢都是圆形的特点。其次,中班的幼儿对面部五官的关注点还集中在眼睛(有些幼儿在画眼睛的时候会出现卷翘的睫毛;眼珠的细节表达等)和嘴巴,鼻子和耳朵的关注因人而异,会随着孩子年龄的增长,慢慢地体现在孩子的作品中,但是这个小姑娘的作品中没有体现。

透明画的特点:前面说过透明画是这个时期幼儿绘画非常显著的特点,所以我们也就明白了为什么宝宝在妈妈肚子里却是可以看得见的,因为这与孩子的认知经验以及这个年龄段绘画表达的特点有关系。

但是其中出现了一个矛盾点:孩子语言表述是我的妈妈,作品表述也具有明显的女性特点,但是让人不可理解的是:妈妈为什么长了胡子?据此,我们向孩子追问探究,进一步确认信息:

师:你确定画的是妈妈吗?

幼:是啊。你看,妈妈肚子里还有一个宝宝呢。

师:妈妈为什么长了胡子呀?

幼:妈妈没有胡子的吗?(孩子思考回忆状)爸爸有胡子的呀(孩子疑惑的样子)。

师:平时在家谁照顾你多一些?

幼:爸爸。

师:那妈妈呢?

幼:妈妈在外面上班的。不过现在妈妈有小宝宝了,要回家来了。

经过与孩子交流的追问探究,我们了解了孩子的家庭背景,由于工作的原因平时妈妈很少跟孩子住在一起相处,孩子从一出生开始基本上都是爸爸照顾和管理,妈妈的角色在孩子的生活中出现得比较少。因此在孩子的潜意识里,爸爸既是爸爸又是妈妈,承担的是父亲和母亲两个角色,但是中班幼儿又知道自己的生活中有妈妈这个角色的存在,因此在画"我的妈妈"时,才会混淆特征,"不知不觉"地出现了妈妈长胡子这样的特征,这可能是潜意识中孩子对"妈妈"是"爸爸"的一种理解和感受。

5. 支持孩子们说的"画"

作品解读是一个帮助我们走入幼儿内心世界的手段,而解读的真正目的在于支持。我们通过倾听孩子们对自己作品的描述性说明,引导幼儿将心理语言外化,同时根据幼儿家庭环境、教养方式、个性脾气等综合性因素来分析幼儿情绪情感需求,并提出针对性教养意见建议,支持幼儿在成长过程中的需要,帮助他们获得更好的发展和成长。还如图5-17,我们的支持方式是:

(1)建议母亲多陪伴。母亲的角色在生活中是不可缺少的,母亲位置的重要性也是不可替代的,刚好抓住妈妈即将回归家庭这一契机,我们与孩子母亲进行交流,一方面提醒之前母亲陪伴的缺失给孩子造成了一些认识和情感上的困扰,以引起父母亲对孩子身心健康发展的高度关注;另一方面建议母亲在今后的日子里多对孩子进行高质量的陪伴,比如一起劳动、看书、散步,一起设计有规律的生活计划等,同时将父亲和母亲的陪伴内容进行分工,以帮助孩子形成清晰的父母形象和概念。

(2)在班级里给孩子增加有关母亲故事的绘本阅读等活动。利用区域、小组活动等时机,为孩子提供关于母亲故事的绘本,比如《我妈妈》《动物园》等,让孩子接触到各种类型的性格特点分明的妈妈,对妈妈这一角色的认识和感受逐渐丰满和立体起来。

另外,利用色彩来引导孩子对自身的情绪情感进行表达和调节,不失为一种很好的支持方式。我们在"关于色彩与心情"的绘画调查中发现:从色彩的表现方式上,我们可以很轻易地感受到幼儿的情绪情感特征。当孩子喜欢用明亮的颜色创作的时候,他们一定是心情很开朗的时候;而当他们在用暗色系列创作的时候,心情一般都是低沉的。图5-18的创作者,用了咖啡色、蓝色和黑丝乱涂乱画,而且用黑色将画纸中间戳了一个洞,可见心情糟糕至极。图5-19的创作者似乎心情也很糟糕,《我的爸爸》没有清晰的形态表现,只有黑漆漆的一团,也许正是诉说着对爸爸的责怪、不满和愤怒呢。

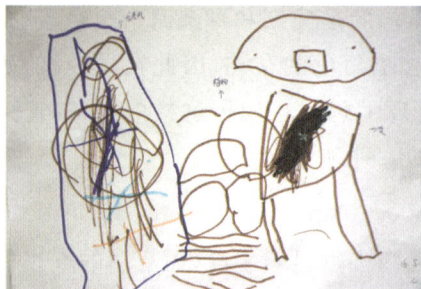

图 5-18　破洞

图 5-19　我的爸爸

色彩除了用来宣泄情绪，我们还引导孩子有意识地用色彩来调节情绪。明亮的颜色既可以表达开心的心情，也能成为情绪调试的工具，因为明亮的色彩天然给人以愉悦的感受。当负面情绪占主导时，给孩子提供一个心情小屋，小屋里面的四周悬挂着一些用明亮的颜色画的画，给孩子温暖、舒缓的感受。孩子们还可以利用角落的彩色水粉，来画一些自己喜欢的、美好的东西，等他们从心情屋完成作品出来，消极的情绪都已经消失殆尽，脸上挂着的，又是那最可爱的笑容。

第六章　幼儿作品评价

本章导读

　　本章所要阐述的作品评价是以幼儿为评价主体，以自己或者同伴的作品为评价对象，在自身生活经验和对作品理解的基础上，将主观感受以及判断性意见和建议进行表达的过程。作品评价是幼儿进行自我分析与反思，获得经验积累和成长的重要载体。他们通过对自己的作品评价和对同伴的作品欣赏，从认知经验、情感态度、艺术元素等多个维度出发进行分析、欣赏和判断，这个过程是对自我表达进一步的梳理和提升，从而获得观察、审美、语言、交往等综合能力的发展。

评价,通常是指对一件事、一个人的判断和分析后的结论。作品评价,是幼儿对美诉作品进行分析和判断,并提出结论性意见和建议。需要特别指出的是,在美诉课程中作品评价的主体是幼儿而非老师,评价对象是作品,包括自己的和别人的作品。作品评价是美诉过程单循环中的最后一个环节,也是幼儿表达表现最为外显和与外界互通的环节。那么,为什么要进行评价? 评价的意义何在呢?

幼儿从感知和体验开始,到内部的认知重构和出现涂鸦动机,紧接着寻找适宜材料进行涂鸦表达,最后产生涂鸦作品,所有环节是相对独立但绝不是可以简单分割的。每个环节都互为基础、互为补充、互相促进、缺一不可。涂鸦作品作为最后的物化成果环节,从作品本身角度来说,它既是单循环的结果,也是下一个循环的开始和基础。从幼儿主体角度来说,在作品评价中可以更好地自我回顾、整理和反思认知、巩固情感,同时在同伴评价的过程中获得认同感、满足感和自信心。从教师角度来说,作品评价是检验前期教育效果和实施后期针对性教育措施的重要依据之一。因此,评价起到一个承上启下的作用,它能够帮助我们总结经验、发现问题和找到解决问题的思路。

"发现自己"是作品评价的价值所在。

"发现自己"是一个自知的过程。所谓自知就是能够正确认识自己,这种认识是多方面的,包括认知、经验、情感、态度等。自知对于成人来说也不是一件容易的事,对于幼儿来说,要做到自知就更难了。因此,需要刻意借助作品评价帮助幼儿达成自知或者基本自知。由于幼儿思维发展处于具体形象思维发展阶段,他们很难通过凭空"想"或者"思考"来了解自己,因此其作品便成为一个具体的"媒介",让幼儿借助这个媒介去了解和发现自己,更符合他们的年龄特点。

幼儿作品本身就蕴藏着幼儿的认知、经验、情感、态度等多方面的信息,但是作品中呈现的信息有可能是外显表现于幼儿行为上而自知的;也有可能是潜藏于幼儿内心而不自知的。因此,作品评价就是幼儿借助"作品"这个具体的媒介通过评价的手段对自己前期经验进行再一次的整理、表达,在这个整理、表达的过程中去发现原来不自知的内容并将其外显表现出来,这就是在作品评价过程中"发现自己"最大的价值和意义。

中班主题活动"多莉,去哪儿了"中,幼儿根据自己的认知经验和情感倾向制作了许多海里的鱼。为了增强幼儿的成就感,激发他们创作表现不同形态小鱼的浓厚兴趣,老师在泥工区旁边的窗台上,用蓝色 KT 板制作成小小的"海洋",让孩子们自由发挥,这下孩子们作品的数量越来越多,内容也越来越丰富,各种各样的鱼、海星、海草……都出现了,海洋变得越来越生动。(见图 6-1)有一天,YY 来问老师:"老师,为什么这些鱼都躺在海里呢?"

图 6-1　海洋

我们可以看到,这简单的一句话道出了幼儿对同伴作品的评价。

在 YY 原有的认知结构中,鱼应该是在海里游动的;游动的鱼具有它们独有的身体形态特点和空间位置。

1. 对作品与原有认知经验的比较

YY 认为同伴们制作的小鱼和白己认知中的鱼在空间位置的特征上不一样。

2. 质疑和判断

YY 认为同伴们做的小鱼和大海里真正能游动的鱼不一样,所以做得不对。

确实,孩子们制作的小鱼都是平面的,他们的创作方法是"以平面绘画的思维和经验来做轻泥小鱼",所以小鱼立不起来,只能平放在海面,看起来就像是躺着的。幼儿在作品评价中能够发现问题、提出问题、寻找改进方法,并获得主动的发展,这正是我们所追求的作品评价的价值。(见图 6-2)

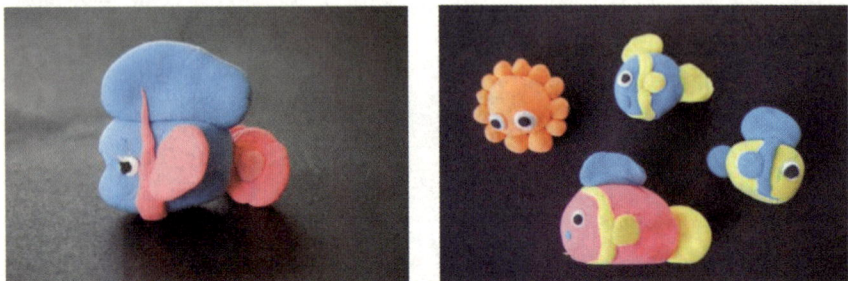

图 6-2　海里的鱼

一、评价分类

根据评价对象的不同,作品评价可以分为自我评价和同伴欣赏两类。

1. 自我评价

自我评价(self-evaluation)是自我意识的一种形式,指一个人对自己的身心状况、能力和特点,以及自己所处的地位、与他人及社会关系的认识和评价。自我评价是人们对自己的能力、状态和发展趋势的评价性认识。也就是人们自己称为自己的认识对象。在自我评价里,自我是主体,也是客体,分别被有的研究者称为"主体自我"和"客体自我"。

本文中自我评价是幼儿对自己作品的评价,继作品创造表达之后,对自我表达的进一步梳理和提升。这种梳理和提升影响着幼儿的成长,是一个发现自我的过程,自我评价对幼儿来说意义重大,是对幼儿成长的激励。

幼儿作品的自我评价内容包含三个方面,一是作品内容的描述。幼儿需要对作品产生的背景来源、创作思路、表现目的等作出一一说明,在此说明过程中,无疑对作品中包含的认知、经验等重新作了一次思考和梳理;二是主体情绪的表露。在评价过程中,幼儿会自然而然地将作品内容中隐含的情绪表露无遗,这也使得情绪得到再现性体验,帮助幼儿把积极的情绪固化成为情感的发展;三是主体对自我表现的悦纳程度。信心来自于自我的肯定和悦纳,一个人对自己的悦纳程度越高,其自信心也越强。自我评价过程中自我悦纳程度的降低则说明幼儿对自己的表现和目标之间的差距非常清晰,也将促进幼儿的自我反思与自我调整。可见,自我评价的侧重点在内容,而不是艺术表现。这也更符合幼儿美诉表达更多地关注感受和认知内容而非作品效果的特点。

因此,幼儿作品自我评价无关作品的"美"与"丑",只关注作品本身对幼儿的意义。也许一件作品看起来毫无美感可言,但是只要幼儿通过作品进行自我评价,表达的过程中能够进一步借助作品梳理、表达,以此提升自己的认知、经验、情感,这样的自我评价就是有意义的。

在"春风"的主题活动中,老师通过各种手段唤醒幼儿关于春风的经验,同时借助不同的通道帮助幼儿建构春风新的认知和经验,在此基础之上幼儿用涂鸦的方式进行"春风"的表达活动。那么,幼儿对春风经验的建构到底是怎么样的呢?老师就通过幼儿对作品的自评来了解,然后再给予相应的回应和支持。

图6-3《春风》,3位孩子对自己的作品发表了不同的评价。1图孩子说:"我的春风有绿色,红色,我觉得我在天空中闻到什么味道,它就是什么颜色的。"(备注:这个幼儿对自己作品的表达从色彩入手,把自己的生活经验、想象、感性都表现得淋漓尽致)

2图孩子说:"我觉得春风就像拉一个圈圈,但我想春风是没有的。"(备注:这个幼儿把自己对春风的认知形象地表现出来。"我想春风是没有的"是幼儿在表达过程中对自己认知经验进一步的肯定。)

3图孩子说:"我在书上看过龙卷风,我觉得龙卷风是大大的,春风小小的,我喜欢大大的。"(备注:从幼儿对自己作品的表达可以看出幼儿对龙卷风认知的经验来源于书籍,同时基于自己的已有经验,对春风、龙卷风进行的判别,最重要的是"我喜欢大大的"这句话表明了幼儿的情感态度,这就是发现自己的过程,对幼儿来说意义重大。)

从幼儿的自我评价可以看出评价的过程就是对自己认知、经验、情感进一步梳理、明确的过程。因为幼儿在作品表达的过程中有可能是感性

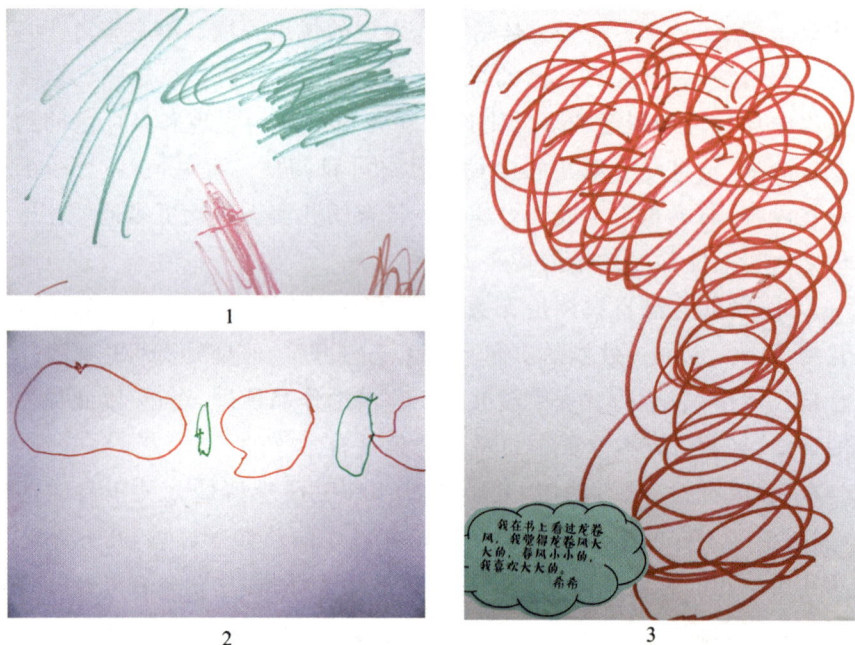

图 6-3　春风

的、模糊的,但是基于自己的作品用语言表达出来的过程就是把原先内隐于认知框架的经验明确化的过程,对幼儿发展具有很大意义。

二、作品欣赏

作品欣赏是艺术欣赏的一种形式,是人们的感官接触到艺术作品产生审美愉悦,是对艺术作品的"接受"——感知、体验、理解、想象、再创造等综合心理活动,是人们以艺术形象为对象的通过艺术作品获得精神满足和情感愉悦的审美活动。

作品欣赏在本章中是指幼儿站在自己的角度去欣赏同伴的作品,并作出综合性评价的过程。作品欣赏基于欣赏主体自身的认知、经验和审美倾向,对同伴作品进行艺术效果、画面内容等方面的感知体验,表达自己的理解,发表自己欣赏、质疑、批评的想法和态度。在作品欣赏的过程中有两个关键要素,第一是总体感受。第二是细节内容。

1. 总体感受

总体感受评价主要从作品的艺术效果出发,关注对作品的审美体验,是通过艺术层面进行的审美活动。从艺术层面出发的审美活动包括色彩、线条、空间、关系等多方面的内容。

幼儿 A:你的鱼看起来好温暖,黄黄的颜色很舒服、很漂亮。

幼儿 B:你的颜色涂得很仔细,每个地方都涂到了。

幼儿 A:哇,你的鱼像彩虹,五颜六色的,真漂亮,我很喜欢,送给我好不好?

幼儿 B:我也想画一条像你一样的彩虹色的鱼。

幼儿 C:你的鱼颜色很漂亮,不过身上的图案都是一样的,都是一条线和点点的图案。如果有其他的图案那就更好看了。

幼儿在初步总体感受的过程中最先关注的是色彩。因为色彩最具视觉冲击力,所以在总体感受过程中,最先留下的是对色彩的直观感受。艺术欣赏表达也从色彩出发,然后过渡到线条、图形等其他艺术内容,最后关注细节内容本身。这就是我们现在所看到的幼儿总体感受欣赏基本从艺术层面出发的特点。(见图 6-4、6-5)

图 6-4 暖色鱼

图 6-5　彩虹鱼

2. 细节内容

细节描述评价主要从画面内容的细节出发，结合自己的认知、经验、理解对同伴作品表达自己想法、态度。细节内容的意义重大，细节内容显示了不同年龄程度的属性，在较早的阶段中，细节是高度自觉的幼儿所画的；细节往往难以辨认，那是因为幼儿的美感或技能通常落后于智慧的发展。因此在细节内容欣赏的过程中幼儿运用的是自身认知、经验、情感进行的欣赏，表达的是自己真实的认识经验、情感态度。

大班年级组正在开展的"hello,树先生"和"我想要一棵好大好大的树"主题活动，让幼儿对树屋产生了浓厚的兴趣，大家跃跃欲试想要建造一棵真的可以玩的树屋。为此老师带领幼儿们从小组合作设计树屋开始导入活动，幼儿围绕设计好的树屋，开始欣赏和评价。（见图 6-6、6-7）

幼儿 A:我觉得这个树屋很漂亮，有很多亮闪闪的星星，很多蝴蝶、小鸟、小花，还有小朋友。

幼儿 B:我觉得这个树屋不好玩，画上的人就站在边上看看，上次我们看的书里面的树屋是人真的可以爬上去玩的。

幼儿 C:这个许愿的树屋，树枝那么高，手伸上去也拿不到，那怎么看瓶子的愿望呢？瓶子要怎么挂上去呢？这个树屋有一点好，有一点不好。

幼儿 D:这个树屋上有很多的水果，是真的可以吃的？还是假的？我们制作的也真的会有吗？

图 6-6 《许愿树屋》设计

图 6-7 《许愿树屋》实景

从幼儿对图 6-6《许愿树屋》设计图的欣赏和评价，我们可以深刻地感受到幼儿是从细节欣赏的角度出发欣赏评价的。欣赏的内容有的从画面事物的细节出发；有的从经验认知的细节出发；有的从自身问题、困惑的细节出发等，维度众多，内容也各不相同。图 6-7 树屋实景，通过同伴作品欣赏后的评价，设计组获得了许多适宜的信息和建议，他们再把这些信息和建议重新整理、架构，进一步调整和完善了小组构思，最终实现小组建设许愿树屋的愿望。从树屋的案例，我们可以明确知道作品欣赏的过程就是同伴相互学习、不断丰富、完善认知经验的过程。

在人们意识中，作品欣赏和评价是一件很难的事，质疑幼儿能否完成，其实大可不必怀疑。陶行知先生曾经说到过一个故事："……从前，六岁的小桃曾教五十七岁的祖母，居然教完一册《千字课》"从这一案例我们可以发现幼儿有不可思议的力量。所以，虽然幼儿的作品欣赏完全从他们的主观出发，基于自己已有的认知、经验、情感、艺术审美进行欣赏，但是，幼儿的认知、经验都处于差距不大的阶段，因此在欣赏作品时能够对同伴作品产生更多的理解、共鸣、交流，幼儿之间更容易心意相通，在此过程中自然而然形成交往的机会，在相互交流、交往、学习的过程中获得语言表达、艺术审美、社会交往等方面的发展。

三、评价内容

在幼儿进行自我评价和作品欣赏的过程中我们会发现每个幼儿评价的内容都是不一样的,其评价的内容跟幼儿自身的关注点有关。有的幼儿直接表达作品内容;有的幼儿表达自己最感兴趣的内容;有的幼儿则会借助作品表达自己的情感体验……不论幼儿评价的是哪个方面的内容,都具有真实的价值和意义。

1. 画的是什么(创作内容)

幼儿作品不仅仅是艺术的表达,更重要的是认知、经验、情感等方面的体现。幼儿在作品表达的时候会用一些象征性的符号、图形,这些符号和图形别人往往很难读懂。为了帮助他人"看懂"自己的作品,幼儿在评价时常有很大一部分是在阐述自己画的是什么,也正是通过对作品内容的评价向他人传达作品内容,帮助他人理解作品。他人在理解作品的基础上会对作品给予更多的尊重、认可和欣赏。

《绿绵羊在哪里》是一个绘本故事。绘本中有蓝色的绵羊、红色的绵羊、在洗澡的绵羊、躺在床上的绵羊……那么,绿色的绵羊在哪里呢?这里有玩秋千的绵羊、玩滑梯的绵羊、站在星星上的绵羊、在雨天举着伞翩翩起舞的绵羊、玩着抛球的小绵羊,那么绿绵羊在干什么呢?带着这些好奇,幼儿们开始诉说绿绵羊的故事。(见图 6-8)

1图:草地上两只绿绵羊在翻跟斗,头都晕了。(备注:绿色的螺旋形图案代表这绿绵羊翻跟斗后头晕的感觉,形象又到位。)

2图:笑着的绿绵羊在玩,很开心。(备注:仔细看这只绿绵羊的表情,甜蜜蜜的笑容,不知不觉中就传达了快乐。)

3图:小羊们飞呀飞,降落在温柔的花园里。(备注:小羊的四条腿展开就像翅膀一样,飞的动态表现得淋漓尽致。)

幼儿对自己作品内容的评价表达能够清晰传达画面内容,帮助他人理解作品,更容易获得情感共鸣,让尊重和欣赏从真正的理解开始。

2. 最关注的是什么(价值聚焦)

幼儿在评价的过程中,评价的内容与自己的关注点息息相关。这个关

图 6-8　绿绵羊

注点有可能跟幼儿的兴趣、需求、喜好有关;有可能跟这个阶段的年龄特点有关;也有可能跟幼儿的认知经验、情感、态度有关。不论幼儿关注的是什么,成为被幼儿关注的点就是最有价值的东西。透过幼儿对关注点的评价有助于教师史好地理解、支持幼儿。

　　小班幼儿在"生长在春天"的主题活动中,自己种了豆芽,每天照顾、观察小豆芽,还把自己种的豆芽画了下来。每一幅豆芽的作品就是每一个孩子的世界,小小的世界里有大大的内容。(见图 6-9)

　　"我的豆芽颜色是不一样的,有 9 棵豆芽。"从这位小班幼儿的话中可

图 6-9　豆芽

以发现他们对色彩和数量非常关注和敏感。幼儿在观察的过程中关注到色彩的不同,发现两种不同的绿色,对色彩的认知程度比较高,敏感性比较强。但在表达数字的时候用了"9",我们细数画面会发现其实只有"8"颗豆芽。作为小班的孩子,手口一致数9,并正确表达9的数量是有一定难度的,所以说出来的数量和画面表达数量不一致是正常的现象。教师反而能够通过幼儿这样的评价了解幼儿,并根据幼儿的实际需求给予相应的支持,这就是评价的价值。

3. 心里觉得怎样(情感体验)

情感体验在幼儿成长中起着不可替代的重要作用,情感体验的评价对于3～6岁的幼儿来说,更是加深自我了解和形成积极情绪情感的促进手段。

首先是对结果的情感体验评价。儿童所表现的就是他们所体验到的,他们直接借助作品来表达自己的开心、快乐、伤心等情感,所以评价的过程就是一次内心情感再体验的加深过程。

图 6-10:今天是妈妈送我上幼儿园,我很开心。(备注:虽然看不出图中人物的表情,不过从幼儿的表述中我们可以了解孩子对妈妈送她来上幼儿园是非常在意的,是一件让她觉得很幸福快乐的事情,她在作品中表达了自己的心情。)

图 6-11:他们不让我参加舞会,我很不开心。(备注:区域游戏中,几个

幼儿在玩公主扮家家的游戏,这个幼儿无法参与自己喜欢的游戏因此而感到不开心,不快乐。)

图 6-10 开心的我

图 6-11 我不开心

其次是对过程的情感体验评价。比如在创作表达过程中,他们对"完成作品"这项工作产生的或愉快、或喜欢、或厌烦……等等体验。让幼儿对自己作画过程中的体验进行评价,在评价的过程中建立起积极、稳定的情绪、情感、态度,并具备一定的适应能力以及控制能力,对幼儿的学习品质发展起到积极暗示和引导的作用。

小班"生长在春天"这个主题活动开展的过程中,老师发现有一位小朋友每次到画画的时候就会说:"老师,我不会画。"老师马上给予适当的帮助,但老师离开没一会儿他又开始说:"老师,我不会画。"可想而知,这样的状态一定不会给他带来愉悦的绘画体验。而他,也常常不开心,总显出焦虑、心事重重的样子,早晨来幼儿园还会闹情绪。为了帮助这个孩子建立积极的情绪,转变幼儿在园状态,老师尝试在每次活动中让孩子对他作品进行评价表达,老师、同伴一起倾听幼儿的表达,在倾听中尊重、理解、欣赏幼儿作品。同伴们也在幼儿的表达中给予他认可,比如:热烈的掌声,或者是简短的语言。每当此时,孩子的情绪体验便是愉悦、积极的,而这些愉悦积极的情感体验经过一些时间的积累,逐渐地帮助孩子调整了参与活动时的心理状态,也慢慢地正面影响到了在园情绪的变化,他再也不会随口而说:"老师,我不会画"了,而是尝试着自己独立思考和表达,请求老师帮助时,也是能指向性非常明确地提问题了。正是通过评价,帮助这个孩子建立起对画画积极的情感,并辐射和影响到在园状态。

另外,幼儿还能通过评价来释放和调整自己的情绪、情感。比如:小班幼儿在涂鸦区活动的时候,在纸上画满了各种颜色的点、圈。老师问:"这是什么? 怎么有这么多漂亮的颜色?"幼儿说:"有很多的颜色,我就开心了。"细细品味,这个幼儿是否在画这些五颜六色的点、圈时释放和调节了自己的心情? 再如:我们经常可以观察到当孩子情绪激动的时候,他们会用很大的力气、很重的颜色、很粗的线条做一些大肌肉运动的涂涂画画,有时候甚至会把画纸都戳破了。面对这样的作品,孩子们自己的评价往往是:我不要……我不喜欢……我讨厌……我就要……而最后的结论总是:好了,我把他们都赶走了……没关系,我不去拿你的了,我自己做一个好了……在自我安慰、自我解释、自我开导的作品评价下,其情感体验由激动回复到逐渐平静。

评价的内容虽然多样化,但是始终围绕幼儿这个主体发生,这与评价这件事情的意义是一致的。虽然不同的评价内容反映和呈现的东西不一样,但都让幼儿再一次发现自己。让我们更好地走近幼儿,更好地尊重、理解和支持他们的发展。

四、评价指导

在幼儿作品评价的过程中,我们坚持以幼儿为主体,通过对幼儿进行语言表达、观察方法等方面的指导,支持幼儿建立基本的评价认知,在积极、正面的评价导向中形成评价意识和评价能力,同时关注幼儿评价的过程性体验,在评价中促进情感、态度、认知、语言、交往、艺术等综合发展。

1. 语言指导

这里的语言是指幼儿在作品评价过程中运用的语言表达方式。3~6岁幼儿以自我为中心,自我意识强,一般来说幼儿常用的评价语言是从主观出发的判断性语言,以"我"为主语,表达主观想法,这是幼儿年龄特点决定的。但是作为评价本身而言,仅仅用判断性语言是不够的,还可以从客观描述的角度去对作品进行欣赏评价。因此,教师要对幼儿的评价语言进行相应的指导,使其由单一的主观判断逐步走向多维的客观分析发展。

(1)简洁明了地运用判断性语言。

判断性语言是指评价主体从自我认知和审美出发,对客体表达的肯定或者否定评价的明确态度。运用判断性语言进行评价的时候,评价意见具有很强的主观性,所以必须引导幼儿阐述清楚观点背后的缘由。因此,在使用判断性语言的过程中,可先让幼儿在总体感知的基础上综合考虑并形成自己的判断,运用和掌握最基本的表达方式——"我觉得……"去阐述自己的观点。再慢慢地随着认知经验的增长,逐渐增加因果关系的表达——"因为……,所以我觉得……",有理有据地表达自己的评价观点,努力说服众人认同自己的观点。(见图 6-12)

幼儿 A:这棵花瓶喷泉树喷出来的水都是五颜六色的,我觉得像烟花一样,过年的时候我在老家看到的烟花就是这样的,很漂亮。

幼儿 B:我觉得不像一棵树,特别是后面那棵树,叶子都没有,树都有叶子的。

幼儿 C:我觉得挺好看的,就是没有见过这样的树,你想得很好,下次你去造一棵吧。

(2)丰富详实地运用描述性语言。

所谓描述性语言是指表述客观世界事实真理的认知语言、理性化的表述的语言,可由事实验证其真假值,或由所造成的实然性后果

图 6-12 花瓶喷泉树

来判断其客观的效率。对于幼儿来说描述性的语言就是把自己看到的画面内容转换成语言进行表达的过程,简言之,就是看到什么说什么。描述性语言的运用是为了引导评价主体对画面的细致观察,调动他们的生活经验以及联想能力,通过丰富的语言表述,再现创作者的表达内容。在运用描述性语言进行作品欣赏的时候,要特别注意提醒幼儿描述的客观性和准确性,无需加入自己的想象和情感,而是如实地将画面内容进行描述。(见图 6-13)

幼儿:这是一棵喷泉树,有很多很多的水从树上喷下来。有一辆车看见了喷泉树,马上就开到树底下洗车。有很多人看见这棵喷泉树都到喷泉树下去玩。

图 6-13　喷泉树

评价的内容是多样化的,有的内容适用判断性语言,有的内容却需要从客观出发进行描述性评价。当然,幼儿在实际评价的过程中两种语言的表达方式有可能单独使用,也有可能一起使用,互为补充说明。指导幼儿合理运用这两种评价语言能够支持幼儿更好地进行评价,提升评价能力,发展语言水平。

2. 观察指导

都说"幼儿是天生的心理学家",从这句话我们可以发现幼儿其实有着惊人的观察能力。幼儿的观察有几个重要的特点,比如关注自己感兴趣的、关注细节等。这些特点决定幼儿在评价的过程中具有以下典型特征:

(1)评价带有主观情绪,其发展是从主观逐步走向客观的过程。

(2)幼儿的认知水平决定其评价具有笼统性、表面性、片面性。

清晰的"视觉表象",是孩子们"胸有成竹"地表达所看所思所想的前提[1]。为此,积极的观察态度、良好的观察习惯、充足的观察时间对于幼儿来说都是必不可少的。正因为如此,在幼儿作品评价中指导幼儿学会观察是一项重要的工作。尝试让幼儿在观察的基础之上进行适当地分析与反思,方能凸显评价的价值和意义,有效地促进幼儿的成长。

帮助幼儿建立良好的观察态度和习惯,服务于幼儿的作品评价。幼儿

---

[1]　宋晓蕾、游旭群:《全国发展心理学第十一届学术研讨会》。

的观察指导主要从以下几个方面进行。

（1）充足的观察空间。充足的观察空间包括观察环境和观察时间两个部分，是保证观察效果的重要因素。首先，要求观察环境具备轻松、自在、温馨，不受干扰的氛围；其次观察时间包括对作品的观察时间和幼儿对作品观察后的思考时间，都要非常充足，因为观察的内容，转变成表达的内容，需要一个转化、思考的过程，而这个过程是需要时间来保障的。

（2）关注局部和整体的关系。幼儿在观察的过程中经常会关注某个能吸引他们的个别特征或局部，而不顾及整体，这样的观察结果往往会给评价的客观性带来偏差，因此，要有意识地引导幼儿将自己关注的细节放到整体中去考虑，逐步掌握从整体到局部、再从局部到整体的观察方法。

（3）从笼统走向细节。幼儿观察从粗糙走向细致，我们往往通过某个物体的细节、动态、神态、表情、颜色等观察，更能发现幼儿的认知、经验、情感发展的真实状况。因此，引导幼儿进行细节观察对于其观察力和评价能力的促进来说都非常重要。

除此之外，提升幼儿艺术元素欣赏的能力也能够支持幼儿更全面地进行评价。而在艺术元素欣赏的过程中，随着艺术元素认知的悄然渗透，也能同步有效提升幼儿审美能力。艺术元素的认知可以通过环境、艺术活动、生活中的潜移默化来获得。

五、艺术元素欣赏

艺术元素欣赏是以外在的美作为标准，这些元素包括色彩、形状、关系、材料、空间等方面。学会对作品进行艺术元素欣赏，能够提高幼儿审美能力，获得美感成长，美学、审美能力的发展，是幼儿整体发展的一个部分，它与幼儿评价发展相辅相成、互为促进。

（1）色彩欣赏。色彩具有强烈的视觉冲击力，从艺术元素的层面来说，容易最先引起幼儿的关注。幼儿喜欢明亮、鲜艳的色彩，在作品艺术欣赏的过程中色彩欣赏是幼儿评价最多的部分。

在色彩欣赏的过程中，教师可以从多种角度给予幼儿对色彩欣赏的支持，比如：有关于色彩的色相、明暗、渐变等认知、了解，丰富幼儿对色彩评价的维度。在此过程中发展色彩欣赏的能力，提升色彩审美能力。当然，从幼儿年龄特点出发,我们不要求幼儿的欣赏语言很专业,他们可以从自己的生活经验出发用生活化的语言进行真实的欣赏和表达,而不是对专业用语的熟练套用。

彩虹鱼的涂鸦故事:

在"多莉,去哪儿了"主题活动中,小朋友们一起欣赏、解读经典绘本《我是彩虹鱼》,书中五颜六色鳞片的彩虹鱼形象给幼儿留下了深刻的印象。活动后,小朋友用自己的方式来表现彩虹鱼,并和同伴相互交流彩虹鱼的故事。(见图6-14)

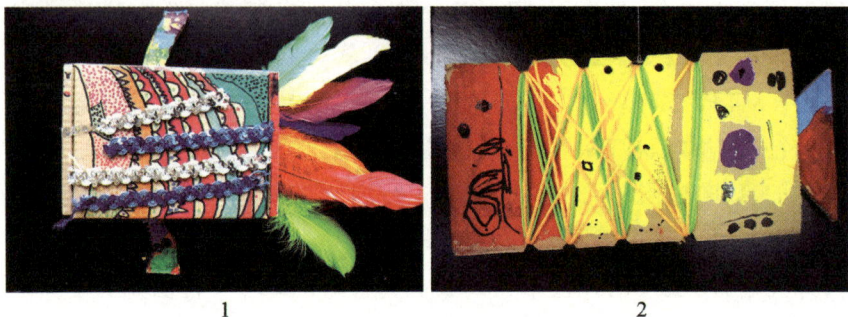

图 6-14　彩虹鱼

1图:这条彩虹鱼尾巴是五颜六色的,有红色、绿色、黄色、蓝色,就像彩虹一样,很漂亮。

2图:这条小鱼用了红色,然后身体上还用了很多的黄色,有点渐变的感觉,后面还有一点点蓝色和紫色,我觉得很喜欢。

这两幅作品幼儿在色彩元素的欣赏上用到了"五颜六色""像彩虹一样""渐变的感觉"这些词汇。从词汇的使用上我们可以发现幼儿对色彩的评价有从色相出发的评价,有从色彩使用的方法上进行评价,尽管没有用到专业的词汇,但非常准确地表达了专业的内容,且因为其真实和富有年龄特点的表达而被同伴所充分理解和认同。

(2)线条形状欣赏。线条、形状在生活中无处不在,绘画作品、印刷品、编织物或者其他艺术作品上随处可见。因此幼儿完全拥有关于线条、形状的各种认知经验。基于这种经验对作品进行欣赏是可行的,并且能通过线条、形状的评价,进一步丰富线条、图形的表达从而达到丰富自身经验的目的。

在线条形状的欣赏过程中重点关注的是幼儿对线条、图形表达的丰富性,以及线条图形之间的组合、排列等空间关系。相对于幼儿来说,在线条图形的评价上能够从线条的流畅、类型、组合、表达方式、视觉感受上来展开就足够了。

图 6-15 小树林

图 6-15:小树林里长的树都是不一样的,有花树、星星树、爱心树;树上有的地方涂成了黑色,有的地方没涂黑色,感觉有的地方嵌进去,有的地方突出来,我觉得这样更好看;这棵树上全部是长长的横线,还有短短的竖线,一排排的,那棵树上用了像海浪一样的线,还是横的长线和短的竖线,用了很多不一样的线条,看起来很多,画也变得更漂亮。

幼儿对这幅作品中线条图形的评价是非常丰富的,有线条使用类型的评价;有视觉效果的评价;还有涂色与不涂色产生的空间变化所带来的视觉感受。总体上对线条、图形的评价比较多元、丰富。

(3)材料运用欣赏。材料是艺术创作活动中非常重要的部分,幼儿能够在活动中创造性地表达和运用材料是幼儿艺术能力的一个重要特征。因此,能够从材料选择、运用上进行欣赏,其投射出幼儿创造性的发展。

"一块纸板"的涂鸦故事：

纸板是日常生活中常见又普通的材料,在班级区域中也经常看到老师们把各种纸盒、纸板投放在里面。每次自主游戏的时候,有的小朋友把纸板变成了一条鱼;有的小朋友把纸板变成了一只鸟;有的小朋友把纸板当做辅助的装饰材料,创意层出不穷。原先不起眼、不好看的纸板通过小朋友的"妙手回春"变成了一件件了不起的艺术作品。(见图 6-16、6-17)

图 6-16　鱼

图 6-17　七彩鸟

图 6-16：老师,我把这块长长的纸板当做鱼的身体,然后还可以用那边多下来小的纸板来做眼睛、鱼鳍等身上的装饰。

图 6-17：老师,我把各种不同形状的纸板组装成了一只鸟,然后再给小鸟涂上漂亮的颜色,装饰上美丽的图案,是不是很漂亮呀!

对材料运用的评价看似说了这个材料中用法,但是就是这样简单的评价也能够激发幼儿创造潜能的发展。

艺术元素欣赏是一个不断丰富和提升幼儿艺术元素认知和修养的过程,培养幼儿美感成长的过程。在这个过程中有一点我们必须注意,在艺术上,美感的评判标准都是基于个人的作品,有创造性的作品都是基于个人美感原则而产生的,教条式的规则有损于幼儿的美感成长。因此,美感成长是有机的,没有任何既定的标准,它可以因为幼儿个体不同而有所不同。

六、作品评价与幼儿发展

评价本身的意义在于促进发展。因此在评价的过程中我们尝试用不同的评价方式、不同的评价内容以及通过语言、观察、艺术元素的评价指导,让幼儿在评价的过程中获得了综合的发展。这种发展体现在情感态度、语言、社会交往以及美感成长等各方面。

(1)情感、态度发展。良好的情感、态度对幼儿未来的发展至关重要。基于作品结果对作画过程中出现的情感、态度进行评价,能够让幼儿自知,在自知的过程中调整、建立积极的情绪、情感和态度,对幼儿的终身发展颇具裨益。

在《胖胖的鱼》涂鸦活动中,昊昊和博博两个小朋友对自己的作品完全不在意,一边嬉笑一边随意涂抹,多次将未完成的作品上交。老师从这两幅不完整的作品中间,看到的最重要问题不是作品效果,而是昊昊和博博参与活动时散漫、游离的学习状态。结束后老师让昊昊和博博对自己的作品以及作画过程中的情况进行评价,评价的内容主要从以下方面进行:

✍你喜欢你的作品吗?

✍你觉得你的作品最好的地方在哪?

✍画画的时候,你有认真、耐心地完成自己的作品吗?

昊昊说:“我有一点点喜欢我的作品,我的第一条鱼,蓝色很好看,涂的很认真。我画画的时候没有认真,跟博博两个人在玩,在说话。”

博博弱弱地说:“我和昊昊在玩,没有认真画。”(前面两个问题博博闭口不说话)(见图 6-18、6-19)

图 6-18　昊昊画的胖胖鱼

图 6-19　博博画的胖胖鱼

图 6-20 和图 6-21 分别是博博和昊昊在主题后期完成的作品,从作品本身来看进步是非常明显的。作品本身线条变流畅了,同时画面更加有

序,涂色饱满、细致、均匀。透过作品的画面我们似乎可以看出博博和昊昊在完成作品时的状态较之前有了明显改变。这正是在每次作品完成后围绕博博和昊昊的实际情况专门针对作画过程中的态度进行不断地自我评价、调整而形成的变化。

图 6-20 彩虹鱼

图 6-21 碰碰鱼

在这样的评价过程中关注的是作品完成过程中幼儿的学习品质和态度。教师通过问题引导幼儿对自己的作品、作画过程进行自我评价。同时幼儿在评价的过程中也体现出相当的客观性,他们能说真话,所以这样的评价既能让老师发现看似不那么好的作品中有意义的地方,更能尊重幼儿对自己作品的评价,同时也通过评价让幼儿发现自己的问题。正视幼儿自身存在的问题,通过不断地自评、调整、再自评来达到重建良好学习品质、态度的目的。

(2)语言发展。幼儿语言的发展不仅表现在幼儿语言表达能力的增强,同时也表现在不愿意表达的幼儿变得愿意表达。这种语言能力的增强体现在很多方面,比如:能够用语言清晰表达自己的想法;语言表达的词汇、句式丰富;表达内容体现思维、逻辑关系等。

中班的南南是一个特别爱说话的孩子,但是有一个非常突出的问题就是南南说了很多,听的人却依然不是非常明白他要表达的意思。为此,在作品评价的过程中老师针对南南的情况对南南提出要求:"只说一句话,说清楚。"正因为如此,每次说之前,老师会留给南南一定的时间,然后再让南南来说,一次又一次,南南慢慢地能用一句话来清晰地表达自己的想法了。

在幼儿作品评价的过程中,我们尝试从"一句话涂鸦的话"走向"涂鸦故事"的评价方式,幼儿的语言发展迅速。首先幼儿先用"一句话"的语言表征来清楚地评价表达作品,到后面引导幼儿从"一句话"发展成"一个故事",让评价本身变得更加有趣。

《多莉和朋友》的涂鸦故事

中班"多莉和朋友"的主题活动中,随着主题的行进,幼儿完成了很多海洋生物的作品,老师把这些作品变成了一个个有意思的水族馆,在这里,每个孩子都有自己的涂鸦故事可以说。也正因为如此,幼儿的"海底世界"才得以如此缤纷。(见图6-22、6-23)

图6-22　涂鸦故事:鲨鱼来了

图6-23　涂鸦故事:小海星

"鲨鱼来了……"

"鲨鱼来了,鲨鱼来了!"

"小鱼们快逃!!!"

"哎呀,还有一只小章鱼没逃走,我来帮助你小章鱼,

好了,小章鱼你躲在我的手里,大鲨鱼就看不到你了。"

"咦,这里有两只小海星。"

"哇,好可爱!"

"这条鱼看着好凶猛,它肯定想吃掉小海星。

我要把小海星藏起来。"

"有了,一只藏到海草丛中,

一只藏到水族箱的角落里。这样凶猛鱼就找不到它们了。"

"哈哈……真好玩。"

(2)有温度的关系建立。良好师幼关系、幼幼关系的建立离不开交往。在开展幼儿作品评价的过程中可以很好地发展师幼关系、幼幼关系。日常生活中"有温度"可以形容一个人或者一件事,比如"有温度的教师""有温度的教育"等。这里的有温度是形容描述对象所具有的热情、内涵与深度。因此,有温度的师幼关系也应该是有热情、有情感、有内涵和有深度的关系。

在幼儿作品评价的过程中教师是倾听者,正是有了幼儿对自己作品的表达才能帮助老师更好地看懂幼儿作品,帮助老师更好地发掘儿童。看懂幼儿作品便更加珍视,作品的意义,正是因为有了这样的理解、珍视才让师幼关系融入情感,带有情感的真正发自内心的尊重、欣赏、支持,幼儿亦更能体会、感受、接收。老师和孩子也是在这个过程中互动、交流,建立起有温度的师幼关系。

小班的李老师曾经为了班级里一个幼儿"伤透"了脑筋。这个幼儿每天在幼儿园话不多,和老师的相处总是有种"怯怯懦懦"的感觉。哪怕老师主动接近,幼儿也表现得不温不火。老师和家长交流,家长也反映说孩子觉得有点怕老师。老师尝试了很多的策略想要改变和这个幼儿之间的关系,可是效果都不佳。后来老师在美诉主题"生长在春天"开展的过程中尝试了作品评价的策略。每次活动后,老师都主动和这个幼儿进行互动。先

让幼儿对自己的作品进行评价表达，老师认真、专注地静静聆听，等幼儿评价表达完以后，老师对他的评价给予肯定、积极的赞赏、鼓励。一段时间以后，李老师发现这个幼儿会主动找她了，以前那种怯懦的表情也没有了，每天上幼儿园也变得开心了。后来有一天，家长找到老师说："李老师，我们宝宝昨天晚上回家说"他最喜欢你，最爱你了。""

有温度的师幼关系是幼儿与教师之间一种舒适、自然的关系，它体现出尊重、支持、理解以及情感链接，展现的是教师自身的儿童观。在有温度的师幼关系中老师会低头弯腰轻轻地帮幼儿擦去鼻涕；会蹲下和幼儿平视交流；会用赞赏和鼓励的目光一直支持着幼儿；会静静观察幼儿……[1]。（见图 6-24）

图 6-24　聆听

对于同伴之间来说，作品欣赏成彼此之间交流的中介。每次作品完成之后，总会看见幼儿拿着作品三五成群围在一起。我说说你的作品，你说说我的作品，我解释你的疑问，你表达对我的欣赏。作品欣赏的过程中你来我往，不经意间就形成了交流、互动，建立良好的交往，形成良好的同伴关系。

---

[1]　《西湖儿童研究者——有温度的师幼关系》。

几个人边说边聊,时不时有笑声传来,虽然有时候也会有争执发生,可是都没关系,下次大家还是会在一起继续"聊"作品。同伴之间的情感也正是在笑声中、争执声中建立起来。(见图6-25)

图 6-25　你画我说

(3)审美发展。德国哲学家黑格尔曾经指出:"美是人类最早的老师。"美的教育具有解放思想品质的功能,因为美没有规定的标准,它可因人而不同。幼儿审美的发展可以在作品创作、评价、欣赏的过程中借着空间、线条、肌理、色彩、感情和思想的表现和评价来实现和谐的统一,表现整体的统整。幼儿在作品评价和欣赏中获得对艺术元素认知、表达力的提升,从而发展自己的审美能力,而审美的发展又能不断促进幼儿表达。在不断发展的过程中,幼儿学会色彩、线条、空间等表达;学会发现生活、环境、大自然的美;学会在生活中发现美、表现美、创造美。

幼儿的发展不可能一蹴而就,因此作品评价与幼儿发展同步前进着,这是一个循序渐进的过程,其时间性、过程性显得尤为重要。在幼儿作品评价中,我们不仅需要放慢脚步、静待花开,也需要针对幼儿个人的实际情况进行适宜地指导和帮助,让评价服务于幼儿个体的发展需求,这就是在评价中发展的最大意义。

第七章　美诉与我们的成长

　　美诉课程的开展所带动的是教师和幼儿的共同成长。对于教师而言，在美诉课程实施过程中，通过对活动的设计、反思、调整，对幼儿的观察、重新发现，对课程的不断研讨和交流，其自身的专业素养快速增长，教育观念转变、教育行为调整和自我审视的改进。对于幼儿而言，以直接经验为主要学习方式的美术课程设置与实施，充分尊重幼儿的年龄发展特点，以满足发展需求为前提，使其在情感态度、学习品质、社会交往以及审美能力方面获得提升与发展。

一、美诉与教师成长

美诉课程的推进过程是教师成长的过程。这一成长过程总体而言经历了试探期、调整期、稳定期和成就期四个过程。课程开展初期,老师们自身在专业知识的储备和课程的研讨中呈现两种势态:一种过度自信,根据主观经验和感受判断教学内容;一种是无头绪不知怎么做,觉得美诉课程太难,不知从何做起,觉得怎么做好像都不对。通过实践操作,我们发现两种不同的势态都正在过程中发生着观念和行动的转变,教师的行为进入调整期。一开始过度自信的老师发现,原来孩子们在美术活动中的表现并不是自己想象的那样;一开始没有头绪的老师发现了"门道",开始钻研进去了。我们的教师开始逐步地"稳定"下来,对于美诉的共同话题多了,讨论的内容开始聚焦在儿童的美术创作与表达上,而不再是个人主观经验判断。"成就感"在教师和孩子的内心逐渐获得,成就期自然顺势而来。在这个有趣的过程中,教师的成长主要体现在三方面:一是教育认知悄然变化。教师深感发现过程比结果更重要,发展比产出更优先,且更能关注个体特质。二是教育行为主动调整。变"教师高控"为真正意义上的"幼儿自主",幼儿想象能力的外显需要教师的具体适恰引导,以协助儿童想象力外显完成,通过一定的技能运用支持儿童正确表达。三是自我审视的改进。教师自我反思能力提升,活动设计能力提高,活动组织经验得以拓展。

（一）教育认知的变化

在西方儿童教育中,爱的哲学被认为是教育的核心。循循善诱、快乐交流、知识学习、成长关怀都是幼儿教育者应该关注的核心。国外最先提出关注幼儿心灵成长,用爱的哲学践行教育教学的是蒙台梭利。我国的幼儿教育也经历了种种教育改革,其中陶行知、叶圣陶等教育先辈提出的赏识教育、因材施教理念等对幼儿教育产生了深远的影响,到了近代,陈鹤琴等人的教育思想进一步推进了以幼儿为中心的教育举措。在幼儿教育改革大力推广的今天,我们更应该从教育实践出发,紧扣本园的教育实际,努力探究高效率的幼儿教育。纵观目前的幼儿教育,还存在不少问题,特别是幼儿教育在教育过程、教育引导、教育创新等方面还存在不少可以完善和提升的空间。而在美诉课程行进的过程中,老师们的教育认识发生了很大变化。

1. 过程比结果更重要

美诉旨在为幼儿创造宽松和谐的学习生活氛围,让幼儿通过学习生活点滴的过程中去感知真善美,去感知交流、对话、游戏等带给他们的真实与快乐。美诉是一种基于现代化教育理念的新提法,它是"幼儿核心素养"培育的关键抓手。美诉更加关注的是一种动态的学习经历,一种符合幼儿心理认知发展特点的,一种渴求幼儿与生活对话的新课程理念。可以毫不夸张地说:美诉教育理念下的幼儿课程体系更加关注幼儿知识学习与生活感悟的过程,与传统的教育相比较,美诉课程提倡关注幼儿学习的过程,学习结果应该被看做是一个个体生命在经历生活洗礼之后的自然性的结果。而不是按照教师的、家长的社会要求把幼儿塑造成一种模式化的个体,这种理念是对幼儿天性的一种抹杀而非引导。因此,从关注结果到关注过程是美诉课程的核心特点。

2. 发展比产出更优先

这是从两个角度来阐述的内容,"发展"是针对幼儿角度出发的个体促进,而产出是针对教师角度而言的教育成果。教师在实施教育行为之前一定是对产出有设想和预计的,比如想把幼儿培养成为怎样的人,但是在实际教育过程中,因为个体的差异性导致发展的不均衡性,此时教师必须尊重幼儿发展的不同需要并为之提供相应的支持,而绝不会为了达成自己产品的创造成果去要求幼儿按照预设的教育框架继续走下去,这就是发展比产出更优先的教育认识。美诉课程要为幼儿学习与成长搭建更好的平台,同时也引导教师透过现象看本质,从关注作品产出到关注幼儿发展是一种从教育表层到教育本质的过程,也是一种从教书到艺术的升华过程。

案例 1:豆芽印象

淘宝是一位帅帅的小男生,很聪明,会 20 以内的加减,但是在画画这件事上,把他给难住了。看着伙伴们画得那么开心,他却拿着笔左看右看无从下手。好几次别的小朋友已经完成了,但他的画纸上还是空空的。问其原因,他只会哭着说不会画。

一天,班里开展了"豆芽印象"这个主题活动。请小朋友把自己种植和照顾的豆芽写生给大家看。淘宝捧着花盆早早来园,并告诉老师:我和妈妈种了5颗黄豆,只长出来了3棵,可是前几天一棵死掉了,昨天又死了一棵,现在只有这么1棵了。老师说:这棵你肯定很用心地照顾它,看看叶子都长了那么多。他马上说:我这棵豆芽上面有2片叶子,下面2片叶子,一共是4片叶子。于是老师说那你等会可以把小豆芽的4片叶子都画出来。开始写生活动后,淘宝很快完成了作品,淘宝指着自己的画:"1、2、3、4,四片叶子我都画了!"在作品欣赏时,教师特意拿出了淘宝的作品请小朋友们看,几个小女生评价说好漂亮。淘宝听到小朋友们的评价,小声地说:"是我画的。""这么好看的小豆芽我们是不是该给点掌声啊?!"听到来自老师和同伴的掌声,不太自信的淘宝小眼睛四处看看,看到小朋友都在认真鼓掌就腼腆地笑了。

淘宝为什么迟迟不肯动笔?不会画还是不愿意画?原因何在呢?通过与家长的沟通,对于解开这个疑问指明了方向。一方面淘宝平常画得少,对于画画缺乏自信;另一方面因为考虑小班孩子年龄特点,班级老师经常会给予示范和指导,给孩子以模仿的对象,由于过分地注重结果的呈现而限制了幼儿自主观察和想象力的发展,造成了幼儿胆怯和依赖的心理。此外,每个孩子的兴趣点不一样,淘宝对数学非常感兴趣。在讲述自己种植豆芽的过程中,他通过数字来表达豆芽的生长过程,而教师尊重他的想法顺着他的思路引导他把观察到的内容直接画下来,并在作品展示时和同伴一起给予他充分肯定,帮助他建立了自信。

在淘宝对美诉表达态度的明显转变中,我们看到了老师在整个过程对幼儿引导的极高关注度,她没有急着语言提示、范画指导等要求孩子来完成一次创作,而是先与孩子父母进行交流,了解了具体情况。接着又挖掘了淘宝喜欢数学的特长,用特长来引导他进行写生表现,为他搭建了一个可实现的小支架。最后,在欣赏作品时,在集体面前给予肯定和鼓励,建立自信。所以淘宝在美诉表达过程中,从茫然—试探—用特长来表现—观察周围人的态度—在别人的评价中获得自信,自我发展得到很大进步。

3. 充分关注个体特质

马拉古兹曾在他的儿童诗《其实有一百》中写道:"孩子是有一百组成的,一百种语言、一百个念头、一百种欢乐,一百个世界……"儿童的发展存在个体差异,每个个体都具有独特性。"每个幼儿在沿着相似进程发展的过程中,各自的发展速度和到达某一水平的时间不完全相同。要充分理解和尊重幼儿发展进程中的个别差异,支持和引导他们从原有水平向更高水平发展,切忌用一把尺子衡量所有幼儿。"①美诉课程充分尊重儿童的个体特质和发展差异性,在教育教学活动中,采用多样的评价法,用主动的师幼互动去发现和引导幼儿的特质发展。

案例2:我只爱三角鱼

中班上学期主题活动"多莉,去哪儿了"开展中,分别以"感受认知、美术技能、作品表达、作品呈现"四个部分进行。其中,感受认知的主要有:多姿多彩的海洋、我是一条快乐的鱼、各种各样的鱼;美术技能与作品表达主要有:三角形的鱼、胖乎乎的鱼、绳子鱼、小黑鱼、奇形怪状的鱼、彩色鱼、碰碰色彩鱼、冷暖鱼、渐变鱼、鱼的图案;作品呈现主要通过水族馆的方案活动去完成。在这个过程中,我们发现有的幼儿对其中某一项小小的内容关注度非常高,而且反复地乐此不疲地玩,并且能探索出专属于自己的一套经验。

【情景实录】

教师:轩轩,你画的三角鱼越来越好看了。

轩轩:三角鱼是我每次都画得成功的鱼,胖胖鱼和绳子鱼我不喜欢画。

教师:哦!原来是这样,胖胖鱼和绳子鱼是不会画还是觉得自己画得不好看?

轩轩:我觉得他们长得不好看,所以我不喜欢画。三角鱼最好看了。

教师:哦!所以每次你都画三角鱼是吗?

萱萱:嗯。

教师:你的小鱼颜色太美了!

轩轩:嗯。我用了渐变色和碰撞的颜色。

教师:旁边这个是西瓜?

轩轩:不对,是一个三角形的石头!

教师:哦!我还以为你的小鱼要吃西瓜呢!

轩轩:哪里有小鱼要吃西瓜的啊!

---

① 国家教育部.3～6岁儿童学习与发展指南.2012.10.

教师:好吧,可是我看它真的很像一块西瓜!

在主题行进到"各种各样的鱼"这一环节时,轩轩就被三角鱼的色彩深深吸引,此后的几次活动中,都以极高的兴趣去设计和表达自己心目中最美的三角鱼。在表达的过程中,除了专注力和持续性在不断提升,其美术技能也获得了很大发展,最为明显的是色彩的搭配和运用,孩子甚至说出了渐变色和"碰撞"的颜色(对比色),在整个活动中表现出积极、专注、持续的学习品质,与最早之前的轩轩在绘画中表现出的默然、不感兴趣相比有了非常大的转变。

(二)教育行为的调整

教育行为是教师在教育教学过程中行为的综合表现。外显的常见有语言、表情神态、活动组织、示范操作等,内在的有道德观、价值观、意志品质等的隐性影响。积极、稳定的教育行为对儿童的发展产生积极影响,反之则产生消极影响。教师教育行为的首要前提必须是符合儿童身心发展规律,其次是满足儿童发展需求。在美诉课程的实施过程中教师的教育行为悄然发生转变。

1. 变"教师高控"为真正意义上的"幼儿自主"

在常规的教学活动中,教师行为或多或少存在"高控现象",这种现象有时是一种思维惯性,有时是由于活动中的矛盾冲突所致。在美诉课程中,教师的行为变化从高控到逐步自主,再到真正自主,是一个由思想观念主导变化的、在教师体验中自发自主形成并稳定的过程。其根源仍然在儿童观和教育观的真实转变,美诉的过程以尊重幼儿的个体差异为前提,充分地理解幼儿发展现状和发展需求,才能做到真正意义上的幼儿自主。一旦这种教育思维和行为稳定成为教育习惯,那么老师们就可以在任何一类活动中都体现出让幼儿充分自主的教育方式。

案例3:关于诗歌集体吟诵的活动调整

六一前夕,我们在主题课程的实践中生成了"吟诵诗歌"的班集体活动,意在让幼儿感受中国古诗词文化的精髓与韵律美。其中一个班级进行了演出前的美诉调整,表 7-1 反映了这次调整的情况。

表 7-1　活动调整表

中二班吟诵古诗词:《江南》汉乐府民歌		
内容	原来的做法	美诉理念引领下的调整做法
诗词选择	教师	幼儿选票决定
形式定夺	教师	幼儿商定,相同想法的组合在一起
排练	教师	幼儿小组排练,教师帮助组合 家长协同幼儿小组排练
物质准备	教师	家长采购—幼儿制作—教师统整
表演进行时	教师指挥	幼儿表演,教师和其他人一起做观众

从表格中可以清楚地看到各项活动从教师主导向幼儿自主转变,这样的活动也是美诉课程的重要组成部分,是美诉理念的实践体现,并带动了其他类型活动的转型。或许我们都会有这样的疑问:

幼儿真的可以做到吗?

教师真的可以放手吗?

那么教师的作用在哪里呢?

其实,看了幼儿对《江南》汉乐府民歌内容理解后设计的地景和制作过程图,我们的疑虑都可以打消了,同时,对幼儿的自主表现,我们备感鼓舞。(见图 7-1～图 7-4)

图 7-1　幼儿设计地景　　　　图 7-2　小组合作刷底色

图 7-3　第二天幼儿随时自主参与地景画

图 7-4　第三天师幼共同完成地景

地景(这个名字是孩子们自己取的)是为了在进行诗歌表演时烘托气氛,而制作的地面布景。地景的制作从点子的出现—内容设计—分工制作,正是一个小小的属于孩子们自己的方案活动,他们将对诗歌内容的理解以美术的形式转化为地景图,并将地景图用于班集体的朗诵表达,这样的自主自发的活动,是真正属于幼儿的活动,也充分体现了美诉课程中教师行为的正确导向。

2. 幼儿想象能力的外显需要教师的具体引导

幼儿的发展需要教师的支持,这是一个毋庸置疑的话题。在美诉课程

170

中,想象能力的建构和发展是至关重要的一环,作品的画面即是他们思维和想象的外显,但是由于受到年龄发展特点的限制,幼儿有时无法准确表达和描述,这时就需要教师的介入,利用语言的引导和启发鼓励幼儿说出来,再给予一定的提示从而协助儿童完成想象外显的过程。

案例4:小鱼游出来

轩轩对鱼的兴趣越来越浓,每次涂鸦活动时都会专心画鱼。但是他表达的内容非常有自己的思考和个性特点。今天大家都在画鱼,他想到的是鱼都生活在大海里,利用蓝色和绿色通过螺旋线的方法表现了大海,但是他说"这里有许多鱼",而我们实际上却看不到一条鱼。那么,轩轩的直接想象——已经有很多鱼的大海,怎样通过他的画笔表现出来,并让大家都能看明白呢。老师选择了倾听和语言引导的教育行为。当听了轩轩的想象描述后老师很惊喜,再接着继续引导他在想象的基础上进一步表现"大海里有许多鱼"的经验,这样的一幅作品完成后在我们眼里显得那么与众不同。(见图7-5)

【情景再现】

区域活动时,轩轩长时间地在画纸上用炫彩棒涂色。

教师介入:

图7-5　鱼

教师:轩轩,你画的是什么?

轩轩:大海啊。大海里的海水和漩涡。

教师:哦! 好特别啊,看着真的像在大海里一样呢。可是你打算画什么鱼在这个海水里呢?

轩轩:海水都画满了,小鱼在里面。

教师:哦,原来这样,你不说我还真不知道里面有鱼呢! 不如我们让小鱼游出来怎么样?

轩轩:怎么游出来呢?

教师:直接把小鱼画出来,用黑色也许会很棒。

发展幼儿想象力是美术教育的目标之一,在倾听和了解的基础上,教师通过语言的提醒和引导,或者以游戏的方式等,可以帮助幼儿更好地将自己的想象进行完整地表达。

3. 正确表达一定是需要技能支持的

在幼儿阶段,技能是一个让教育者较为敏感的词汇,特别是在美术领域中,似乎一提到技能,就肯定是教育观出了问题的。但是,通过美诉课程的实践,我们发现,幼儿若要正确表达内容,是需要技能支持的。这种技能所指的是在幼儿发展能力范围内需要具备的与之年龄特点相符的符号和形状掌握能力,且这种技能的获得是在幼儿实践操作中,从自己的需要、观察、感受和体验中获得的,而不是强化训练。比如,当大班幼儿在理解和表达大小、远近、里外等空间关系时,由于画面上的表现还不够准确,教师就可以运用自然无痕的引导支持,提出技能上的学习要求和学习方法。

案例 5:有了"台阶"的树洞

大班"hello,树先生"美诉主题活动中,有一个创意想象画作业《奇特的大树》,重点是鼓励幼儿大胆想象并设计心目中奇特大树的造型。

图 7-6 是小 Q 在主题活动中完成的作品。教师通过与孩子的对话来了解画面的内容:

师:"你画的大树好奇特啊,能跟我说说为什么这样设计树顶吗?"教师指着右边的那棵树说。

Q:"本来我是想画台阶的,可我不会画,画错了。"

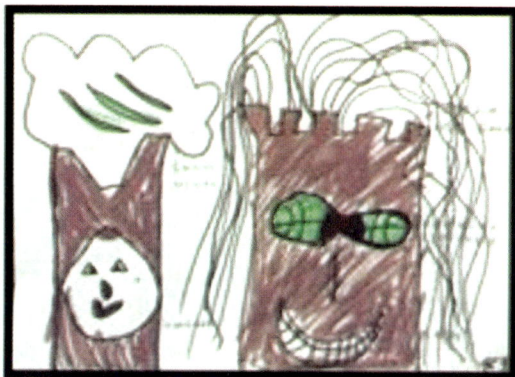

图 7-6　奇特的大树

师："原来是想从哪里画台阶？"

Q："想从这里一点一点走上去"她指了指树底下。

师："那现在画成了什么？"

Q："是长城的围墙，树顶上的城墙。"

……

看到这里，我们明白了：小动物住在一棵粗壮的大树里，外面的小动物可以从台阶上走到树顶上。小 Q 想要画一个台阶，这个台阶可以从树底下一直延伸到树顶，这样小动物就可以沿着台阶爬树了。但是她的涂鸦技能跟不上思维想象，不能准确表达自己的想法，所以到后来变成了树冠上的城墙，没有达到帮助小动物从树底下爬到树上的目的。

老师首先给予语言上的启发，支持幼儿的绘画表达（方位）：

"你是想画一级一级往上走的台阶吗？"

"如果想要从地面走到树顶，应该从哪里开始画台阶？"

紧接着，老师带着小 Q 来到幼儿园有台阶的侧面，引导观察。通过实地观察的办法，给予幼儿技能启示：（见图 7-7）

"你是想画这样的台阶吗？"

"仔细看看，你觉得台阶是怎样一级一级往上去的？"

小 Q 经过认真地观察和反复地比对，画出了图 7-8 这样的台阶。刚开始落笔画最下面的台阶时，对线条空间关系的处理是非常困难的，花费了

173

图 7-7　观察幼儿园的楼梯

相当长的时间。但是通过不断总结经验,小 Q 不看楼梯,就可以直接按照自己体验到的经验重复叠加地画上去了,此时的她显得成功和充满自信。当然,这简明却非常准确的线条表达,帮助她很成功地完成了"让小动物从树底下走到树顶上"的美诉表现(见图 7-9)。

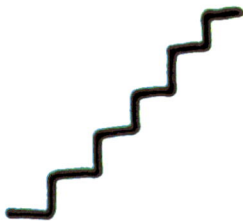

图 7-8　幼儿画的台阶　　　图 7-9　有台阶的树洞

174

当小 Q 能完整表现出自己最初的想法后,老师请其他幼儿来说一说对这幅画的理解。他们观察到了这是一棵很大的树,树洞里住着小动物。还发现了边上的台阶,说小动物们可以走到上面去和树洞里的小动物聊天打招呼。可见,他们都能从画面中准确地理解小 Q 最初的意思。

可见,当幼儿的涂鸦技能满足不了他们的情感表达时,对其进一步发展是有阻碍的,所以教师必须在此时运用一些适宜的手段、方法,给予幼儿技能体验的引导和启示,以支持幼儿更准确完整地表达自己的真实想法。

(三)自我审视的改进

1. 自我反思能力的提升

美诉过程中,我们总是在失败中寻找原因,在成功中总结经验,对课程的自我反思已经成为一种习惯。我们通过课堂教学、小组集中研讨等形式,从自身的教育行为、方法进行思考,对教学的成效进行审视、分析,并且切实地进行调整和完善。例如,同一年级组的同课异构是我们自我反思的重要途径。针对同一个活动,由其中一个班级先开展,然后进行第一次反思交流分析。以此为基础,第二个班级进行调整性教学,再次进行反思交流分析。最后继续以第二次反思为基础开展第三个班级的进一步调整教学。一个活动在三次反思、交流、调整中,使得教育目标更加清晰,教育方法和教育策略的适宜性更加匹配,与此同步的是教师的反思能力和调整能力得到提升和固化。表 7-2 中可以明显地看到:老师们在美诉开展前、开展初期和开展后期等三个不同阶段,主动参与交流研讨、主动反思调整的变化情况。

表 7-2　教师活动反思情况统计表

进行阶段　　　反思情况	美诉课程开展前	美诉课程初期	美诉课程后期
主动交流研讨	10%	30%	90%
主动反思调整	5%	40%	92%

案例 6:"完不成"的画①

1. 发现问题:为什么总是完不成一幅作品?

《胖胖的鱼》涂鸦活动开始了,昊昊和博博两个人屡次将未完成的作品上交,经过老师三次提出的改进性建议后略有改善,但在老师看来仍旧是一幅粗糙的未完成的作品(图 7-10)。

图 7-10　幼儿"不完美"的作品

2. 分析反思:背后的原因是什么?

(1)是孩子的问题吗?

明明看到孩子有兴趣,经常能看到他们兴趣盎然地自发涂鸦;有一定涂鸦技能,不会因为缺乏表现方法而失去自信;也有比较好的坚持性。

(2)是教师的问题吗?

✍是否因为画纸过大而造成幼儿活动负荷超载?

✍是否因为材料比较单一,让幼儿兴趣缺失?

✍是否因为组织方式缺少游戏性,让孩子觉得单调?

✍是否是因为教师的教育期望出现了方向性偏离?

因为面对孩子的绘画情况,当时老师的想法是,需要培养孩子的坚持性、责任感以及做事的耐心和细致,于是把画退还给了他们。

---

① 本案例摘选自 2016 年度西湖区教师案例评比一等奖获得者我园袁梦倩老师作品。

教师儿童观自我反思：没有真正以幼儿为主，教师仍占据了主导地位；出现问题时，首先看到的是孩子的不足，却没有从自身行为进行分析反思；美术教育的专业性素养不足。

3. 行动改进：一切从尊重儿童发展的特点出发。

(1)改变画纸：将画纸的形状、颜色、材质进行了充实和调整，更多地选用正方形、大小适宜和有底色的纸。

(2)创设情境：提供了橡皮泥、毛线等材料，创设去海底旅游的情境，让孩子带着彩色线圈"玩"遍整片海洋（画纸），然后变出各种各样漂亮的小鱼，大大激发了幼儿的创作热情。

(3)材料支持：提供纸板、纸箱、羽毛、纽扣、透明塑料纸等多种材料，供幼儿进行创作。孩子们在用颜料上色的过程中更深入地感知色彩的组合变化，在观察、使用各种材料的过程中，发展创造力。孩子们的参与热情大大提高，作品变得丰富多样。

(4)提供支架：用添画的方式为幼儿的想象提供具体支架。在线圈"走遍海底"以后，画面的构图基本确定，线圈的大小、形状等都会成为孩子创作时所需要思考的因素，比如，特别大的可能是一条凶猛的鲨鱼，小的是可爱的小小鱼；竖着的圈可能是小鱼在往上或者往下游；有点三角形的圈可能是三角形的鱼或者是一条大嘴巴的食肉鱼……孩子要对线圈进行添画，使它们变成一条一条生动的鱼儿，需要他们无限的想象。

(5)留白等待：当孩子一下子无法完成作品时，保管孩子的画，并鼓励其在其他时间将其完成。

教育行动改进之后，孩子们的精彩作品纷纷呈现（见图 7-11）。

4. 教师成长：让反思成为习惯，让习惯促进成长。

(1)以孩子为主体，从反思自身做起。当日常教学中出现问题，首先要考虑和反思的，不是孩子的问题，而是自己的教育行为、支持策略是否合适，儿童观、教育观是否出现了偏差。避免将自己的所思所想强加在孩子身上，让孩子被动地参与。

(2)发现、了解、尊重孩子。真切把握孩子的兴趣和需要，了解、尊重他们的发展水平和能力，做出适当地调整和改变。活动的目标，活动中的每个环节，环节中的每个细节，都需要进行仔细地斟酌和思考，哪怕是一张画

图 7-11　调整后的幼儿作品

纸的大小,也会透露出教师对孩子能力、水平的了解和思考。

　　(3)生动、有趣,游戏化的教学。游戏是孩子们最喜欢的活动,在游戏中孩子们成为主动的学习者,积极地学习、思考、表现、创造,并且非常快乐。因此,在教学活动的设计过程中,要把游戏性的考虑放在非常重要的位置。

2. 活动设计能力的提高

美诉课程的教学方案全部属于教师原创。原创教案并非老师随意设计一个相关的活动然后展开教育教学,而是要通过前期教师对儿童经验的调查,结合儿童发展特点和美术能力进行设计,同时每一个活动中蕴含情感、认知和能力三维目标。在原创预设方案实施后,教师根据儿童学习和兴趣需求继续开展生成活动,尝试方案教学,这种不强调结果,注重探究过程的方案设计将极大提升教师活动设计能力。

案例7:不断改进的"水族箱建造"设计活动

"老师,我们能不能有一个水族箱?""我也想,我也想!"小朋友们纷纷表示。为了满足孩子们的兴趣,第二天孩子们和老师一起开始了围绕水族箱建造的方案教学。

第一步:预设问题、思维粗引导。

为了引导孩子有更清晰的思考方向,老师预设了四个问题:

(1)水族馆里有什么?

(2)水族箱摆放位置?

(3)水族箱的形状?

(4)小组合作设计水族箱。

通过层层递进的问题引导幼儿思维碰撞和思考,最后通过投票的形式推选出最想制作的水族箱造型(见图7-12)。

图 7-12　孩子们在投票

第二步:探索验证,行动细思考。

然而,关于水族箱的投票结果还仅仅是孩子们凭自己想象和喜好产生的结果,老师们意识到还没有跟他们的认知经验结合起来全面考虑。于是,我们自问了3个问题:

(1)如果给孩子一些时间,让他们充分探索关于海洋的经验后,再来一次投票,他们还会选择爱心形水族箱吗?

(2)假设第二次孩子们还是选择了爱心形水族箱,那么这个结果和第一次的结果虽然相同,但是其内在实质有区别吗?

(3)孩子有没有理解水族箱的作用? 实际经验运用有没有提升?

根据我们的自我设问,我们调整了提问线索,向孩子们抛出了更为具体的探究问题:

(1)不同的海洋生物喜欢生活在大海的哪些位置?

(2)从我们饲养的小鱼来看他们最喜欢哪一个家?

(3)如果需要立在一楼大厅,怎么样的水族箱既让海洋生物喜欢,同时也稳固安全?

这三个问题促进幼儿明确水族箱的作用及实际经验运用,让他们在自主思考的探索中,获得新的知识经验,帮助他们梳理、归纳、提升经验。通过讨论、辩论等方式,把活动还给孩子,巧妙地引起幼儿往新的方向思考,从而使活动更有意义。孩子们在区域活动、亲子时间等通过自我探索,开始有理有据地辩论生物的生活环境,对水族箱形状再次进行投票,我们发现结果完全不同。

第三步:具体设计,人人显创意。

在前期问题引导的思考和实际探索中,唤醒原有零散的经验,建构了对海洋知识的新认知,同时结合自己的想象和创造,设计出独有的水族箱。(见图7-13、7-14)

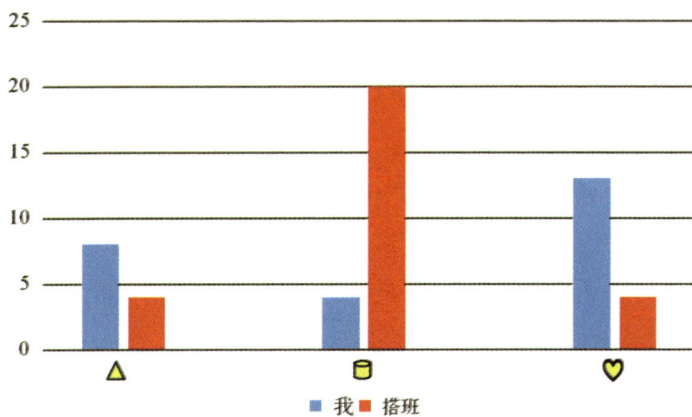

图 7-13

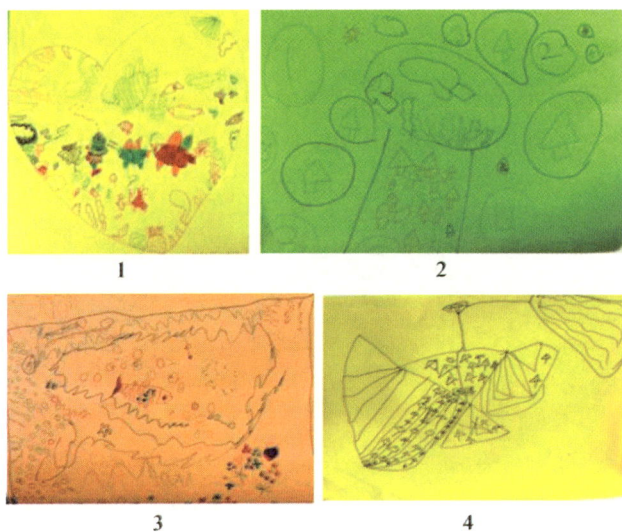

图 7-14　幼儿合作设计水族箱作品的设计稿

3. 活动组织经验的拓展

美诉课程中的活动实施更注重过程的探究,因此,教师活动组织的形式、方法、路径也各不相同,教师在把握尊重幼儿兴趣、遵循幼儿发展规律这一前提下,活动的走向是富于变化的。这种变化的活动过程需要教师调动多种感官、经验和技术的支持,需要教师通过不断地学习、反思、调整教

181

学方案,最终获得出乎意料的学习成效。所以,每一个完整的美诉教学活动组织都可以让教师获得多元经验的拓展。

案例8:真人版美人鱼

幼儿都非常喜欢美人鱼,他们被自己提出来的"做一条和人一样高的美人鱼"这个主意振奋了,充满了期待背后的跃跃欲试,让整个活动惊喜不断。而老师们在美人鱼制作过程中,活动组织得心应手、游刃有余,获得了许多实践经验。

经验一:真实的才有趣。

"美人鱼应该画多少大?""要真实的才有趣嘛!"不再是"假假的游戏、装装样子的摆设,而是真实的像是一条美人鱼。"所以,必须"和人一样大才行!"

和人一样大的美人鱼怎样画出轮廓呢?

孩子们设想了很多办法,最后决定采用"轮廓拓模"的办法。在地上铺一张大纸,请同伴躺在上面摆好造型,然后其他人用笔将轮廓拓下来。果真,拓好后对尾巴加以调整,非常成功。(见图7-15)

图7-15 轮廓拓模

经验二:在挫折中更能历练成长。

第一次受挫:工程量太大了。

确定美人鱼的高度及用什么形式绘画后,开始进入了设计美人鱼衣服的环节。孩子们对于这一环节非常感兴趣,都希望能够拥有一条专属自己的美人鱼,于是都迫不及待地开始了工作。但是他们很快发现与人等高的美人鱼画面非常大,想要一个人完成设计在短时间内根本不可能。开工前,老师已经预见到这样的结果,但是并没有制止孩子的独自行动。于是孩子们开始自我调适,很快确定了小组合作的形式去完成,获得了老师的支持。

第二次受挫:美人鱼的衣服太花了。

主题展开过程中,幼儿已经能熟练地运用线条、色块等来表现画面。大家对美人鱼的衣服设计都各抒己见,谁都说服不了谁,最后大家决定每个小组成员各占一地,"自己设计自己的"。于是,他们开始根据自己的兴趣各显神通。等到基本完成作品时,大家有些"蒙圈",因为每个人的单独设计看着都不错,但是一起放在美人鱼的衣服上,就觉得纷繁缭乱,眼睛都看花了,孩子们开始不满意了,还互相指责和抱怨其他人。有的孩子还掉眼泪了,有的泄气了,说:"我们做不好了"。情绪一下子低沉到冰点。

老师介入:

"我也觉得有点花,但是单独看你们的设计,都还不错的呀。这是为什么呢?"

"那怎样才能让美人鱼的衣服设计得又好看,又不会太花呢?"

孩子们又开始七嘴八舌发表意见。

最后小组讨论决定将美人鱼的衣服根据部位进行切分,然后每人负责其中一个部位,用同一种类型的方式来设计。

教师再一次材料介入,提供除记号笔以外的其他辅助型材料,如油画棒、贴片、胶水、金粉、彩色纸条等。

作品出来了,孩子们都表示很喜欢,对自己的表现满意。(见图 7-16)

图 7-16 孩子们设计的美人鱼

最后教师第三次介入，总结前期幼儿思维轨迹中存在的盲目、不考虑整体等问题，引导幼儿在亲身感触挫折失败的前提下，对类似活动的总体设计和规划提出风格定位、合作分工、价值统一等经验。

发现了挫折在活动中的意义，老师们就学会了观望和等待，不再迫不及待地要把正确的东西告诉孩子。懂得了在适当时机提出适宜的建议，告诉孩子们方向，引导他们摸索着前进，在前进过程中获得成功。

二、美诉与幼儿发展

幼儿认知与学习主要通过模仿、操作，探索、交往以及体验等途径获得，并且是以直接经验为主。美诉课程遵循幼儿学习的这种特点，在充分了解以往经验的基础上，以集体活动、小组学习、游戏为载体，让幼儿通过美术涂鸦、同伴分享、材料探究、多元表达等途径，使其获得积极、愉悦的情绪和学习态度，提升意志品质，促进社会性发展。在课程的实施过程中，我们关注"美"的渗透和感受，我们倡导"诉"的体验和表达，努力发展幼儿审美能力和学习品质。

（一）学习态度和学习情感的提升

《教育学》关于幼儿学习心理发展中提出：幼儿学习的主要方式是模仿和操作。"操作活动是幼儿探索世界的主要方式。"操作活动可以弥补儿童语言表达的不足，提高运动技能，获得成就感和自我价值。美诉课程满足幼儿的学习发展特点，以操作为主要的学习方式，在活动中充分满足儿童自主表达的需求，因此，幼儿在美诉课程实施过程中情绪愉悦、兴趣广泛并乐于展示自我，学习态度与情感获得提升。

1. 情绪积极愉悦

在美诉课程实施中我们发现，幼儿的情绪大多处于积极愉悦的状态。这种快乐的情绪体验出现在美术活动各个角落和环节。比如，一次畅快的玩色游戏、一幅惊喜的作品、一个同伴的评价、一次集体中的分享或者是一次用心的倾听。美诉课程的活动设计和材料提供充分尊重幼儿的发展特点，遵循多层投放满足多层需求的原则。不同年龄层次的幼儿分别提供适合其认知、肌肉动作能力的课程，同一年龄层次的幼儿提供不同个体能力的材料,满足孩子个性化的发展需求。通过美术这一载体,儿童获得学习的愉悦体验。

2. 兴趣更加广泛

心理学范畴的兴趣是指"人们力求认识某种事物和从事某项活动的倾向性态度",它对人的发展起着重要作用。美诉课程背景下,美术是幼儿表达的形式和载体,也是一种结果,其对兴趣的培养起着潜移默化的影响。任何的美术表达形式都是儿童经验架构和累积的外显。在经验累积的过程中,儿童需要调动多种感官进行感知与探究,不断发现新鲜事物,刺激兴趣的形成,对事物探究兴趣的广度大、稳定性强、倾向性明显。例如,中班美术活动"小黑鱼"的活动开展前,幼儿以绘本阅读为载体,通过视觉通道、听觉通道、语言通道的作用感知角色特征,同时在游戏中感受鱼群游动产生的空间变化,发展对空间探究的兴趣。通过观察鱼的游动了解鱼的动态,激发对鱼的身体构造以及鱼鳍作用的探究兴趣。在通过若干经验积累后,幼儿进行创作表达,这时,从幼儿作品中发现,不仅孩子们表达非常丰富,而且还可以发现孩子们兴趣内容的不同倾向。较常规教学而言,这种前期经验铺垫可以使儿童兴趣的广度更大,学习的兴趣更高。

3. 乐于展示

在表达过程中,幼儿的自信心不断增强。通过对美术作品的对比,我们可以发现,这种自信不仅表现在儿童的行为上,透过儿童的美术作品亦可体会。就低年龄幼儿而言,从细弱轻柔的线、细小的形到肯定有力的线和主次分明的形,从一张画纸上小小的一幅画面到整张纸上的大胆挥笔表达,其本质是儿童手部肌肉动作的发展。透过对材料的反复尝试而获得的肌肉动作的控制能力通常使儿童获得极大的满足感和成就感,同时也是幼儿自信不断增强的过程。就大班儿童而言,通过经验的不断积累,将生活经验与自我道德经验和审美认知相关联与融合,幼儿对美术作品的欣赏与评价逐渐开始拥有自我见解。他们对自己的作品总是满怀自豪与成就感,对同伴的作品越来越多地抱以欣赏的态度。能够用越来越丰富的语汇表述作品内涵,描述作品中的心境与思考。在能力发展的支撑下,幼儿更愿意积极主动地进行自我展示。

（二）学习意志和学习方法的提升

意志是有意识地确立目的，调节和支配行动，并通过克服困难和挫折，实现预期目的的心理过程。受意志支配的行动叫意志行为，幼儿的学习也是一种意志行为，它需要幼儿在活动过程中保持注意力稳定，努力排除干扰从而达成目标。美诉课程中，作品即是幼儿预期的目的，完成一幅作品需要专注、坚持，并且使用合理的方法和技能支持，保持稳定的注意力才能最终达成。这个过程中幼儿不仅学习意志和学习方法得以提升，更刺激其获得极大的兴趣与成就感。

1. 专注力提升，坚持性增强

美术活动作为美诉课程的重要载体，既是幼儿思维和想象外显的过程，也是专注力和坚持性持续稳定发展的过程。每一件美术作品的产生，伴随的都是幼儿专注力的发展和坚持性的锻炼，持续的时间越长，注意力品质就越稳定。随着美诉课程的推进，儿童的兴趣更加广泛，动作和能力得以提升，其在活动中的专注力和坚持能力显著发生变化。与专注力共同提升的是幼儿在活动中坚持能力的增强。需要强调的是，美诉课程中幼儿的专注力与坚持性的改变并不是课程预设的目标和操作程序，而是幼儿在作品的创作、自我的表达过程中，在主题活动对材料的探究中的自然习得。

案例 9：我发现了"大师"

中班涂鸦主题"多莉，去哪儿了"开展过程中，老师发现奕铭有了很大的变化，变化之一是他在画画时对内容表现的多样化。回忆以前，每次奕铭画画的时候，画的内容基本是车子，诚然，他很喜欢各种各样的车，所以无论什么主题他总爱以"车"来表达。但是从小班到中班其表现车子的方法几乎没变，都是非常简单的线条和不稳定的圆，显得他手部肌肉动作表达较为滞后。另外一种可能是他的兴趣较为集中，对其他事物的认知和了解缺乏。但是在美诉主题行进中，奕铭开始从形状、色彩、线条等多方位研究各种各样的鱼，并且通过平面、立体等多种方式来表现，对鱼生活环境中的水草等其他生物也表现出浓厚的兴趣，创作表达的内容进一步拓展。

其变化之二是坚持性有了很大增强。之前奕铭玩涂鸦、玩建构、看图书等,常常是蜻蜓点水一般,注意力容易分散并转移。但在美诉主题活动开展一段时间后,我们发现他对涂鸦表达特别有兴趣,持续创作的时间较长,创作过程中有思考、有目的,比如对颜色的选择,涂色的技能,花纹的装饰性表达等。同时在区域自主游戏时他也不再是短时间不停更换区域,而是常可以看到他选择涂鸦区,然后利用涂鸦区的材料静静地完成自己想表达的内容,其坚持性真是让我们惊叹。看着奕铭的作品,以及他在涂鸦区工作的"范儿",真的像是一位大师哦!(见图 7-17)

在涂鸦区专心绘画的奕铭

主题开展早期奕铭的涂鸦

课程中期奕铭的美术作品

奕铭的手工作品"奇形怪状的鱼"

图 7-17 奕铭同学及他的作品

2. 助推观察力,提升表现力

观察力(observation ability),是一种有意识、有目的、有组织的知觉能力。它是在一般知觉能力的基础上,当儿童心理活动的有意性达到一定水平时产生的高级知觉活动能力。在美诉课程中的幼儿观察力发展源自材料体验、经验准备、探究过程等多条线路。不同的途径激发幼儿不同的感知觉体验，不断刺激他们观察的兴趣和主动性，从而助推观察力发展。观察力的提升所对应指向的是表现能力的提升，在一定观察力的基础上才能将自身的发现或感受加以表现，并体现于幼儿的作品之中。观察力与表现力成正向影响，观察力越强，表现力越佳，并且表现的形式越丰富。

案例 10：我们找到了春风

在表现"春风"的活动中，我们把课堂搬到了户外，准备了画板、水彩笔，让孩子在户外感受春风，说一说：春风吹来，你有什么感觉？闭上小眼睛，一起来感受一下吧。孩子们感受后，开始讨论。

馨媛说："春风吹过来凉凉的，很舒服。"

子萱说："春风吹来，把小树叶都吹起来了。"

书菡说："春风是一会儿有一会儿没有的。"

拉拉说："春风太调皮了。"

……

发表感受完成后，孩子们就在户外开始画春风。齐临一边画，一边嘴里说着："呼～！呼～！呼～！"用了竖线表现春风吹来的样子。（见图 7-18）

图 7-18 幼儿在画春风

潇潇用了一支肉色的笔画了一个又一个圈，他说："春风是没有颜色的，看不见的，这个肉色最像没有颜色，所以我画了这样的风。"

甜甜说:"我画的春风一阵一阵吹来,把小兔子都吹得好冷,小兔子还带上了帽子呢。"

孩子的作品虽然看似那么不起眼,但是从他们的表述中可以感受到那细腻的描述正是他们自己内心真实的感受和想法,这说明孩子们把自己带到了春风的情景中去了,充分发挥着自己在春风中的感受和想象,并用手中的画笔灵动地表现着。(见图7-19)

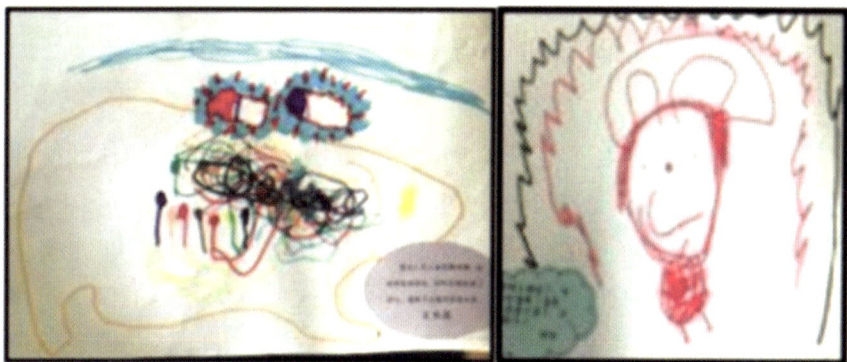

图7-19　幼儿作品——春风

(三)社会性发展的提高

人是社会性的动物,社会化是个体由自然人成长、发展为社会人的过程。是个体与他人交往、接受社会影响,学习掌握社会角色和行为规范,形成适应社会环境的过程,是发展健全人格,掌握社会心理、行为方式和生活技能的过程。在这一过程中儿童的社会性不断发展提高。从美诉课程的角度而言,儿童在探究、创作、表达的过程中,同伴交往、师生互动和亲子行为等的不断产生,都是助其社会性发展的有效社会行为。另外,在美诉课程中,对幼儿经验的特别关注促使他们回忆、梳理已有经验,累积新经验。这种行为同样有助于幼儿的社会性发展。

1. 乐于探究实践

探究是好奇心理和兴趣行为的综合。对事物的好奇心驱使幼儿想要发现和了解其内在逻辑。但是,幼儿往往对新鲜事物感兴趣,在缺乏引导的情况下,探究行为持续时间较为短暂,所以我们常常见到"三分钟热度"

的现象。美诉课程为幼儿提供了更为广阔的探究空间,以多种活动形式为载体不断激发幼儿的好奇心,通过策略引导使幼儿对事物的探究保持较为稳定的心态,在感受充分探究的同时体验发现的乐趣。以大班主题活动"hello,树先生"为例,幼儿从大树形状的探究开始逐步发现,深入到树叶、树干、树皮、年轮的探究,通过教师的引导,幼儿不断发现树先生的秘密,从而推动其对花、草、石头等身边常见事物的各种兴趣和深入探究的愿望。透过深度探究,儿童获得情感和认知上的极大满足,从而产生对周围世界的好奇心和乐于探索的内在驱动力。

2. 善于分享交流

社会性行为的发展在美诉课程中得以充分体现,他们与同伴的交往更加密切、同伴关系更多地出现友善互动、互学分享、乐于接纳和积极表达。我们经常可以看到,幼儿在自主游戏时,三五结对进行绘画的互相模仿游戏。其中一位幼儿的作品会被同伴共同模仿,这种模仿行为不仅是同伴交往的一种方式,更是互助学习的方式。此外,透过美术作品,我们还惊喜地发现,家庭亲子交往更加亲密,家长与孩子之间的交流更加频繁,同时家长也透过美术作品发现孩子的变化。在作品完成后,"说出作品"是幼儿借图表达方式。他们的图画里一定藏着一个有趣的故事或者一个美好的愿望,他们在作品中用心、用情,所有的落笔和上色都是他们精心的设计。幼儿的作品需要借助语言的表达才能被正确理解,这种借助作品进行的同伴、师幼、亲子间的互动不断激发幼儿分享交流的愿望。

(四)审美能力的提升

1. 发现与感受美的能力提升

"美"是脑的活动,是个体对事物色彩、形状、线条、光影等特征的综合感受。发现美、感受美的能力与个体的认知、情感、经验、成长环境等都密切相关,不可否认的是,这种能力是可以通过一定影响而不断提升的。美诉之"美"即是对儿童实施美的感受力、表现力的过程。透过探究、体验、欣赏、表达等多种通道激发幼儿对于"美"的认知感受力,培养其审美观念,借助语言、图画进行表达。在美诉课程中,幼儿除了色彩、造型等艺术之美外,还对生活中无处不在的"美"有了新发现。在主题活动中,他们追逐春风、观察春雨、拥抱树先生、发现海洋世界的色彩斑斓,对"美"的发现与感受能力不断提升。

2. 萌发审美理解力

审美理解力是一种相对高级的审美能力,需要理解、联想和感悟能力共同来支撑。这种能力能够使个体透过一幅画面或者一个场景引发深层次的感受和思考,从而获得一种意境和情感的升华。犹如人们读诗,诗词本身描写的是客观实际,但是经过思维、想象和经验的综合作用,不仅让我们体会诗人作诗时的情感,还能使人联想自身产生情感的共鸣。同样,审美理解力也具有这种效应,审美理解力越强这种感悟力就越强。美诉课程实施美的教育、激发美的表达、共情美的感受,从而萌发、提升幼儿的审美理解力。

教师成长感悟

忙碌的节奏　快乐的美诉

已是初冬，北方人在冬天初次来到江南，几乎每个人都用上当受骗的眼神瞪着你，说"怎么这么冷，你们这里怎么这么冷？"——《关于冬天》苏童

2017 年的冬季已经到来，南方已经进入"这么冷！这么冷！"的气候，可是闻裕顺幼儿园的小伙伴们却倍感温暖。每天和孩子们在一起，忙忙碌碌，工作间隙中却能听到我们的笑声，也许，这就是闻幼老师们忙碌而快乐的职业幸福感吧！

得知《美诉》即将出版的消息，心里温暖而激动，还有些许骄傲与自豪。从来没有一项工作能像"美诉"主题研究那样，把老师们的教育研究、日常教学、班级管理、甚至个人生活无痕地组合在一起。从 2013 年"美诉"特色项目确立，到 2015 年浙江省规划课题立项以来，几年的时间里，在黄老师的带领下，我们紧紧跟随在"美诉"课程研究的道路上探索。路越走越宽，目标越来越清晰，活动越来越精彩，孩子们越来越快乐。

作为幼儿园大教研组长的我，每每听到伙伴们在午餐时光里，闲暇讨论时，大教研活动时，环境创设时"三句话不离本行"地谈论着"美诉"主题，满脸笑容地说着自己的教学，自己的项目，自己班的孩子……总有一种莫名的感动与自豪：我们有一支优秀的教师队伍，我们有团队合作的态度，我们也有深入研究"高大上"课题的能力，带着项目与课题，每天行进在忙碌的工作中的我们，心里却温暖而幸福！

印象最为深刻的是那次我们的主题审议活动，从主题名称、主题内容、活动设计的确定，大家各执己见，与其说是讨论，不如说是"吵架"更贴切了，几个人争得面红耳赤，谁也说服不了谁……这时也不知道是哪位老师，慢悠悠地来了一句：为什么不去问问孩子们喜欢怎样的主题呢？顿时，大家如恍然大悟般异口同声地说"是呀！"然后你看看我、我看看你，突然哄堂大笑起来……那彼此之间心领神会的眼神、心意相通的感觉，真的是太美妙了。

一次次的主题讨论，教学展示，课后点评，论文交流，小伙伴们进步了，成长了，现在的他们，更阳光，更自信，更有底气了，孩子们也更喜欢这些似乎永远年轻漂亮的"哥哥姐姐老师们"了！

现在，我们已经能够清晰地认识到，"美诉"课程的研究与初衷，并不只是一个课题，一项研究而已，而是一种态度，一种精神，也是一种能力。我们满怀着这样的工作状态，不断地改变，积极、阳光地过好每一天与孩子们在一起的日子。我们的工作的节奏还是那么快，神情还是那么可爱与烂漫，心情也总是如此的轻松和快乐！

感谢"美诉"课程，让我遇见了研究的美丽，带我进入一个美妙的成长圈；感谢"美诉"课程，让我融入这支优秀的团队，和他们在一起，我每天都在进步；感谢"美诉"课程，它好似给了我们一架梯子，抬头望时不见顶，却总是充满了阳光，我们在这架神奇梯子上，越爬越高。

祝《美诉》遇见更多的知己！借此感谢黄老师的引领，感谢集团领导的支持与我们团队的齐心协力。

高业璇（大教研组长，一级教师）

每一次坚持都是生命的成长……

说真的,自从幼儿园的美诉主题开始之后,不仅是孩子们在不断成长着,老师也在同样进步变化着,想法变了,观念变了,视角拓宽了,思维方式也更灵活了。这种开放式的美术主题活动,多途径、多方位地让孩子们能够多参与、多体验、多表达,确确实实让我们有了更多喜人的发现和意外的收获。

我们大班的美诉主题"HELLO,树先生!",从主题确定到最后的物化呈现,每一个孩子都全程参与。虽然,在这个过程中出现了诸多困难,但在大家一次一次的共同努力下,最终还是用轻巧、防水、方便又好收集的塑料瓶"造"出了一棵很美很梦幻又很好玩的彩虹色大树屋。这是一个令人欣喜的结果,也是孩子们一直久久挂在嘴上"了不起的大工程"。

在主题行进的不同阶段,孩子们要做不同的事,完成不同的任务:因为感兴趣,所以孩子们乐于探究,甚至用上了放大镜、显微镜,把大树的里里外外了解得清清楚楚;因为好玩,所以孩子们乐于动手,用树上的各种材料做不同的美术创意作品,那一张张用软陶和墨汁拓印下来的树叶花纹被当成书签好好珍藏;因为喜欢,所以孩子们乐于合作,共同为班级大树画设计图,还因此建立起了各自目标一致的靠谱"朋友圈"……其中,让我感触最深的,就是在"造"树屋的过程中,我们和孩子都没有被困难和枯燥打败,一次又一次的坚持,不轻言放弃,就因为这股强烈的决心,完成了许多看似不可能完成的了不起的任务。

要把这棵可以玩的大树"造"出来,需要至少2000~3000个瓶子,这庞大的数量听着似乎是个挺艰巨的任务,但孩子们坚持只能多不能少。所以周末的时候,家长领着孩子一起,拿着大袋子在公园里、马路边捡瓶子,到垃圾回收站、小饭店收瓶子……大人小孩,每一个都那么积极,两天时间内收集齐了所有需要的材料,这是孩子们发自内心的喜欢,他们真的很期待有一个让自己满意的结果!

之后就是一系列整理、上色、连接、造型的"工作",工程量大,耗费时间长,但孩子们还真的在这个过程中坚持下来了! 他们努力"工作",逐渐蜕变,慢慢成长,收获了不一样的惊喜!

在那连续用颜料刷瓶子的几天,听着孩子们相互间的聊天内容,心中无比感动,他们不仅会自我安慰,还会在"工作"的同时寻找乐趣,让枯燥的活儿变得有意思起来,话语间充满着正能量,并自己感悟到集体的力量是无比强大的,只要坚持就一定可以成功!

在穿瓶子和给瓶子造型的阶段,我们老师也在坚持:坚持放手,坚持让孩子自己来,坚持给他们更多的机会参与其中,这期间还差点因为担心有孩子会被铁丝弄伤自己而剥夺了他们穿瓶子和绑铁丝头的权利,幸好没有这么做!

每一次坚持都是生命的成长……真的真的很感谢美诉主题,就是因为创新,我们在摸索中实践它,才有这样的机会让所有的孩子都可以坚持去做一件自己喜欢的"大工程",看着他们成长,真的很幸福!

王莲萍(二级教师)

精准提问，有效引导

第一次和大家一起谈论"美诉"一词，不禁心中颤动，多美好的一个词，这不就是我们主张的，对引导孩子们感受美、表现美、创造美的完美诠释吗？而实际操作过程中，我们又不断地丰富和拓展着美诉的内涵，美诉主题活动的每一个内容都体现着我们的教养观念、教育手法，甚至连一个小小的提问以及回应的表达和运用，都是极为有用的，我作为一名在美诉主题教学活动的一线老师，于此有着深刻的体会。

追随孩子们的脚步我们的美诉主题"多莉，去哪儿了"进入了"水族馆"方案教学阶段。前期孩子们就"做什么样的水族馆"、"用什么材料制作"、"水族馆里放什么样鱼?"等问题展开了一系列的交流和讨论，在此基础上孩子们决定制作一个用pvc管道做支架、亚力克有机塑料做"玻璃"的立方体的水族箱，并放入纸板、纸盒等材料做的鱼。在水族箱制作的过程中孩子们产生了一个新的问题：我们做的鱼是'假'的，怎么样能让自己做的鱼像真的一样游来游去呢？于是我们又以此为主题展开了讨论。

在讨论中老师提问的指向性明确程度直接影响到孩子们的思维和探究结果。我记得在第一次的谈话中我请孩子们思考"怎么样让自己做的鱼像在水族箱里游"，活动中孩子们纷纷提出了要在水族箱里装满水，然后用防水纸、塑料瓶、纸盒等做鱼这样的方式。但是这和我预期的目标不一致，我的提问旨在引导孩子们讨论如何在立方体的水族箱里"立体"地展示自己用纸板、纸盒子做的鱼。但是提问不够精准，没有将客观条件表述清楚，即"孩子们设计、制作的水族箱里是不能真正盛水的"，所以刚开始孩子们的讨论都是围绕着"有水"的水族箱开展的。

意识到自己在提问上存在的问题后我带着孩子们来到了水族箱面前，引导孩子们观察、发现这个水族箱其实并不能装水，然后再请孩子们想办法让鱼看起来在水族箱里游动。但是此时孩子们情绪显得有些低落,当老师鼓励孩子们再想办法的时候他们的热情显然比刚才少了很多。可见,无效的提问不仅造就了低效的讨论也起到了负面的效果。

第二次谈话的时候我将问题进行了更加准确、更具针对性的描述,如"怎么样才能让我们做的鱼在这个立方体的没有水的水族箱里看起来在游动着?"、"什么样颜色的绳子是不易被发现的?"并在孩子们表达的时候进一步推进、及时地建构支架,引导他们更深入地思考和表达。第二次谈话不仅有效解决了孩子们的问题,还促进了幼儿表达能力的发展、经验的提升等。而我在这个过程中也更加深刻地感受到老师语言准确表征的重要性。

美诉主题开展的过程也是我们老师耕耘、收获的过程。现在的我能够更清晰地发现孩子们的成长需求,并能够以更有效、适宜的策略帮助孩子们建构经验,以更多元、开放的方式促进孩子们表达。

王佩斐(小教研组长　一级教师)

看你画,听你说,一起长大

在美诉主题开展之前,孩子们也经常画画,有时候是集体活动,有时候是在区域游戏时,但那时候最常见的作画方式就是用颜料涂涂抹抹,一幅幅作品都是随意涂鸦玩色的结果。一开始,孩子们的作品也会出现"大师"的风范,老师也被惊喜到。但是时间久了,我们就发现,孩子们在美术活动中的兴趣逐步降低,每次活动很多孩子都用了极快的速度,三两下就完成了,总是老师在要求他们"再添加点东西"。"涂鸦区"里活动的孩子也越来越少,总是冷冷清清甚至没人去玩。老师对于这种现状似乎也有点束手无策,除了鼓励孩子去画,再增加更多的颜料、放上照片、图片之外,似乎也没有更有效的方法来改善现状。

我虽然是一位工作了十多年的老教师,但是,当我们中班组"多莉,去哪儿了"美诉主题开展后,却完全给了我惊艳的感觉,并且彻底让我改变了对于儿童美术活动的认知。应该说通过美诉主题,真正意义上更新了我的教育观和儿童观。虽然之前我们有过很多过关于儿童观、教育观的培训和学习活动,但美诉的实践操作让我在过程中感悟到儿童观、教育观到底是怎么回事,老师该怎么做怎么去支持孩子,也让我重新认识了我的孩子们。美诉让我重新发现,他们每一个都是那么与众不同,都是独一无二的! 另外,非常重要的一点是我自己在美术领域教学能力的提升。就以我们制作"水族箱"的活动来说,在"画鱼"的阶段,我们提前给孩子们观看了各种海洋鱼类的图片以及视频、观察鱼的游动、了解鱼的身体构造和习性、参观水族馆等活动辅助给孩子们做多元经验铺垫。果然,画鱼的时候,孩子们画出了形状不同、色彩不同、花纹不同甚至动态都不同的鱼,几个以往老师眼中的"小调皮"变成了老师眼中的"艺术大师",专注画画的他们总让我忍不住多拍几张照记录下这"静美的瞬间",然后与爸爸妈妈们分享。在深感惊喜的同时，我也深刻体会到原来绘画之前的经验铺垫这么重要！画完鱼之后并没有结束，我们静心倾听孩子们对于"鱼"的解说，记录下孩子图画上"鱼的故事"，这个过程中，再次让我对孩子们的想象力肃然起敬，特别是几个平时非常"文静"的孩子，他们口中的美术故事让我有些惭愧，惭愧没能在以往多一些对他们的关注和倾听，除了对他们提活动要求之外，其他的忽略了太多太多。

"美诉"主题活动的开展，对于孩子们和我来说，不仅是一扇艺术之门的打开，更是一次共同成长的历程。现在再来看，班级区域活动时涂鸦区里总是"满员"，因为孩子们已经画上了"瘾"，他们不仅有了点、线、面、构图的能力，更有了用图画表达自我的动力。对于我而言，因为深入学习了幼儿不同年龄阶段动作、肌肉、认知等能力的发展特点，所以更能理解孩子画画的方式和作品之间的关系，因为真的静下心来观察了孩子，记录了孩子，从而能够真正地发现了他们，了解了他们！

很喜欢，就这样静静地看着你们画，听着你们说，感受着我们一起成长的喜悦……

程　伟　一级教师

真感受才有真表达……

关于"让孩子感受、体验……"一类的专业用语,似乎从我第一天开始当老师的时候就一直挂在嘴边,而我一般在课前准备时,会提供大量的平面和立体的材料给予孩子视觉的感知,孩子们也确实能够如我预设那样进行表达和表现。但是,在我们开始了美诉课程研究之后,在主题活动行进的过程中,我对"怎样引导孩子们感受"的理解和以前有了明显不同。

在《感受春风》这个活动中,我们把集体教学活动放到了户外,风吹过来,孩子们用手、脸感受,用眼睛看见风把树叶吹起来了,还发出了沙沙沙的声音,此时,视觉、听觉、触摸觉等多种感官在同时接受着外界的刺激。突然我发现,孩子们能更多地说出对春风的感受,馨媛说:"春风吹过来凉凉的,很舒服"。子萱说:"春风吹来,把小树叶都吹起来了"。书菡说:"春风是一会儿有一会儿没有的"。拉拉说:"春风太调皮了"。甜甜说:"春风就像妈妈的手,摸在我的脸上,软软的,我想妈妈了"……我发现,孩子们更有话可说了,这是多么令人惊喜!我想这才是真实的感受,能触动孩子内心、使他们留下深刻印记的感受。在接下来的绘画表达过程中,我不仅提供了常用的水彩笔、蜡笔和纸,还有相机、橡皮泥等材料,供幼儿自主选择,呈现出来的作品也是极为丰富的,有的用相机拍他们心中的春风的颜色,有的用肉色代替白色表现风的透明,还有的跟着风吹过的感觉表现风的节奏。每位孩子对自己的作品都有话要说,这时让我感到无比的惊喜和赞叹,我太喜欢这样的作品了

我顿时醒悟了美"诉"活动的核心所在,就是对孩子真实体验的感知和引导,于是我不再注重如何让孩子的作品变得更"美",我更在乎的是如何让孩子的作品变得更有"他们自己的说法";我不再仅仅想着怎么教孩子掌握画画的方法,而是更多地思考该提供什么样的材料去支持孩子的表达;

我对作品的欣赏和评价不再只是看看、说说，更注重孩子的体验和感知。

真实的感受，更能引发真切的表达，真正地打动你我的内心。我想，我会一直坚持这样做下去。

李晓夏（小教研组长　一级教师）

我开始懂得孩子了

　　美诉与美术,是最近一年经常在我头脑中"打架"的词,因为我对它们之间关系的辨析,总是有时清晰有时模糊。但是有一点在我身上的改变让我始终坚信:随着美诉主题的一步步展开,我开始懂得孩子们了。

　　美诉主题伊始,我逐渐看到了不同的自己:从拿着现成教案上课,到有了自己的观察和思考;从以自我角度为出发的活动设计到以孩子需要为目标的活动调整;从高高在上的教学流程到师幼互动的探究过程……一切的一切,让我发现,琢磨孩子的成长真是一件很有趣的事情,我,慢慢地开始懂得孩子们了。

　　上学期我们班的主题活动是紧紧围绕着海洋和鱼类展开的,我因对海洋知识的了解非常浅薄而感到内心恐慌,很担心自己无法为孩子们解密。所以在进入主题活动之前也找寻了许多资料,而当我发现我不仅是对海洋知识的匮乏,甚至还有错误和混淆的地方时,我的内心更忐忑了。但是当真正走入美诉主题时,我就有了不同的感觉,孩子们带给我的惊喜真是无限大,总是能说到很多我不曾知道的自然知识,我也不害怕自己回答不了一些问题,比如海烟囱和海底火山,如果是以前的我,一定说"我们回家上网查查资料吧",然后不了了之,但现在的我会在当时就和孩子一起刨根问底。当我们一起开启新的知识领域时,我和孩子一起兴奋和喜悦!原来,教学相长是这样的幸福感。于是在活动主题的展开中,我也跟随着孩子们的脚步,不断地吸收、归纳新知识,开拓着我的视野。我开始懂得孩子,原来他们的学习探究能力是如此强大。

　　孩子的兴趣点被提起来了,他们的各方面能力也慢慢提升了。在对事物的观察上,他们的目标更明确,观察更仔细,描述时所用的语言也更为清晰;在绘画上,他们的用色更丰富,绘画内容更生动有趣,既使主题开展前有存在对画画充满恐惧的亦或是平时并不太喜欢的孩子,在经过这一次的主题尝试后,绘画兴趣都有了显著的提升,常常听到有家长说:"现在儿子回到家,最喜欢做的事情不再是拿出玩具玩了,而是拿出笔开始画各种海洋趣事！这个主题开展实在是太棒了！"连家长的呼声都是如此之高,让我的内心感到更加开心了。我开始懂得孩子,原来他们的兴趣保持状态如此稳定。

当我孩子们热情地参与集体活动,专注地展开区域游戏,还能生成有趣的新游戏,甚至发动自己的家长一起准备接下去要游戏的材料,我发现自己也被孩子带动着这样去做,是的,我应该那样去做。我惊喜地发现,还没有做妈妈的我居然脑袋中装下了那么多的孩子,真是一件神奇的事情。我开始懂得孩子,原来,他们还可以教会我许多……

美诉,让我学会了倾听孩子们的真实想法,使我真正从孩子的角度出发去思考和发现。它让教学不再是单纯的传播知识经验,而是在引导孩子梳理、归纳已有经验后,试着读懂他们的需要,支持他们发现问题,并用自己的方式去解决问题。

喜欢美诉,真的很期待正在看书的您和我们一起来参与美诉活动。

陈　怡　二级教师

在疑惑中持续探究……

"美诉?"

第一反应:大家普通话集体出现问题了?

第二反应:好像就是画画吧? 那么就是美术?

第三反应:美术? 美诉? 好像没有差别吧! 但为什么跟原来叫法不一样了呢?

……

作为教龄两年的嫩芽儿新教师,初闻"美诉",反应用现在的话讲可以说是"一脸懵逼"。还记得 2017 年 4 月的一天,大三班的孩子们收到了一封关于"树先生"的调查问卷,美诉主题《hello,树先生!》从那一刻开始! 这样特别的开始,让我回想到以前,以前的孩子总是跟随着老师早早制定的学期计划,从这个主题跳到那个主题,这星期在了解这个,下个星期另起炉灶谈论另一个新的话题。但这次有不一样哦! 孩子竟然在填写问卷的过程中就明白了自己将要了解的领域! 可不! 回收问卷当天,好几个孩子问道:"老师,我们要上树的课吗?""老师! 这是我带来的树枝!""老师,我的这个皮很不一样! 你看看!"

原来,孩子走在前,老师走在后,是这般"被人需要"的滋味!

接着,孩子们就像一群兴奋的小鸟,开始了对"树先生"的自主探究,刨根问底是我对他们的深刻印象。区域活动时,孩子们喜欢拿着显微镜在教室里走来走去,喜欢拿着陶泥去印染树叶叶脉,有时候还会跑到后院的小树边拓印树皮……他们经常不在教室上课,弄不明白了就翻书、查电脑、做实验、问身边的人……还记得有一次,他们穿着小雨衣在小公园里待了一上午,捡了很多"栗子"。但保育员老师质疑道:"这比栗子要小一些,身体也有些偏椭圆。""它究竟是谁? 它从哪棵树上掉落?"竟成为了班级一整个星期的大话题,孩子们每早来都会讨论自己研究的新进展!有一天,一个女孩儿带来了爸爸从网上查到的资料,这一谜底才最终解开——这是从马栗树上掉下的马栗果!大家再次去到小公园,从树皮、树枝、果实等方方面面严格考证后证实了这一想法,为期一周的"栗子"揭秘游戏才告一段落。

原来,孩子们正尽情用自己已知的多元方法去探求未知的世界,转而用自己的方式告诉大家:"瞧!世界是这样的。"

还有一天,孩子们突然有了一个奇思妙想——做一棵属于自己班级的树,可以玩,而且在树下要有一个大大的树屋。34个孩子,34种不同的想法,只能做一个树屋其实挺难的;34个孩子,34双"手",创造出这一个树屋,其实也挺简单的。你瞧,他们投票决定了班级树的设计方案,分组涂鸦刷色、堆砌材料,有的甚至在一旁朗诵关于小树的诗歌,用相机把朋友制作树屋时的身影拍了下来,用画笔将树屋画下来……面对这个"树先生"他们竟然有这么多好玩的事儿可以做!

原来,孩子对"树先生"的感受是缓慢流淌的,情感在不经意间表达。

如今,大三班的孩子们已经毕业了,但大三班的树屋还留在幼儿园里。孩子们有个愿望,希望几年以后,紫藤花架上的藤蔓能顺着他们缠绕的小树枝,真正地生长到园长妈妈的窗头去,他们拜托老师,等真叶子长好,就把那些假叶子拿掉!你说!这群孩子多可爱啊!都毕业了,还念念不忘着这个"树先生"呢!

而对我来说,我也不会忘记那34双小手,他们带着我初探了"美诉",领略了孩童的美好。

舒 沁 幼教二级

后　记

初冬暖暖的阳光洒在身上，一种无比温暖的舒适感，正如回味着《美诉》的研究历程和诞生过程，让我的心中总是充满着感动。于我而言，它的出版意义，也已经远远超过其本身作为一项园本特色课程建设所取得的成效了。她就像一颗孕育了许久的种子，在众多努力和各方期盼下破土而出之后，给予我们的不只是一个结果，而是更多的希望与可能。

美诉，用实际行动诠释了杭州市西湖区闻裕顺幼儿园"用爱聆听、用心感悟"的办学理念。我看到了老师们眼中满满的都是对孩子们的爱与信任：微笑着蹲下来倾听每一个孩子的诉说；尊重、理解他们的想法并给予专业的支持；悦纳每一种行为表现，反思和研究孩子们特殊行为背后的真实现状和需求；包容"安全犯错"，鼓励自我修正……老师们会因为一个"自我认知没有好朋友"的孩子找到了好朋友而欣喜若狂；会因为看到孩子能用n种材料来表现同一个好朋友的画作而欢呼雀跃；也会为孩子们自己发现和解决了一个问题而感到特别欣慰。有爱的心能装下所有的孩子，用心地工作能发挥全部的潜能，信念的坚持让我们不断强大。

美诉，研究的是特色课程，推动的是整体发展。"在材料探究中增强孩子的真实体验"、"美的环境对孩子具有潜移默化的浸润作用"、"每一个点、每个线段对孩子来说都有特定的意义"、"同伴作品欣赏有利于孩子审美发展和社会性交往"、"充分的语言表征能促进孩子经验的唤醒"……美诉课程中此类的操作理念和专业思想已经深植内心，并积极有效地渗透到了老师们一日活动的管理中，使幼儿园在环境创建、人文氛围、日常工作等各方面都有了进一步的提升。

美诉,在践行专业教养行为的同时,也积淀了团队的人文修养。阳光开朗、善意温暖、包容自知、积极进取、分享合作……已经成为我们团队文化中的固有特质,我们也以此为自豪。午餐时常常谈论的是孩子们的表现,下班后考虑得最多的是第二天的活动安排,闲暇时引起争议的往往是不同的教法观点,教研活动时会因为说到某个孩子有了什么"重大发现"而开心得哈哈大笑。我们愿在美诉的浸润下,成就彼此、不断进步。

美诉,为老师们搭建了自我展示的新平台。一个大团队引领着三个年龄段的小团队,每个成员都贡献着自己的智慧,也享受着集体的成就。美诉课程中的各类活动课和专题讲座的开展,团队成员和骨干老师们都能信手拈来,烂熟于心。近一年来,我们在浙江省、四川省、贵州省等各地进行了近二十场三十多人参与的专业交流和展示活动,参加观摩的老师达到近两千人获得了很大的好评。我们老师们也获得西湖区第一、第二层次学科带头人、西湖区教坛新秀等众多荣誉称号,多项课题在省、市、区立项,相关论文分别获得杭州市、西湖区科研成果的一、二、三等奖。

《美诉》的呈现,彷佛是瓜熟蒂落般的到来,但是我心中非常明白,没有平日里团队成员紧紧相随的思考、实践和积累,就没有如此生动和鲜活的思想与实际操作范例。在此,我要感谢我的团队成员程海霞、高业璇的携手研究以及程伟、张坚静、王佩斐、李晓夏、沈晓宇等的大力协助,她们为美诉课程的顺利推进付出了艰辛的努力,并提供了有深度的案例和基础数据。感谢 2017 年度"闻幼"所有在职老师们为"美诉"课程建设付出的辛勤努力,感谢 2017 年度"闻幼"在园的所有孩子提供的精彩作品,正是因为有了你们,"美诉"这颗种子才能得以健康发芽和茁壮成长。

在研究过程中,非常感谢王健敏、虞莉莉、王芳、杨蓉、朱瑶、吕耀坚等专家和西湖区教育局马冬娟、郑树叶等领导的亲临指导,非常感恩于西湖区学前教育指导中心傅蓉萍、沈颖洁等老师的多次手把手教导,我还要衷心感谢每一位来参加我们课程讲座以及公开课现场的同行们提供给我们宝贵的意见,是你们的鼓励、指导和支持,才让美诉课程顺利取得了预期的成效。

美诉,既是我们的园本特色课程,更是我们的办学方向和理念,我和我的队员们竭尽全力,在认真践行的基础上,希望尽可能完整地把精彩分享给大家。但是水平有限,书中肯定还存在许多不尽如人意之处,恳请得到大家的批评和指正。

每个孩子都是天生的艺术家,对美好的感知、体验、表达和追求,我们一直在路上。

黄蓉蓉

2017 年 11 月